dtv

Dieses Märchenbuch enthält eine Sammlung von kleinen Geschichten, die das Leben schrieb, die aber nie die Wirklichkeit beschreiben. Es beleuchtet den Alltag von Managern und ihrer Umgebung. Märchen reduzieren Komplexität, sie geben Kernwahrheiten wieder und machen Dinge verständlich und nachvollziehbar. Für alle, die nicht gegen, sondern mit Menschen arbeiten, und die bestrebt sind, ihre Mitarbeiter zu begeistern und ihnen Orientierung zu geben. Damit wir in Zukunft nicht arbeiten, um leben zu können, sondern die Arbeit als einen anregenden, erfüllenden und wertvollen Teil unseres Lebens empfinden.

Jürgen Fuchs, Unternehmer-Berater, Autor und Lehrbeauftragter für Philosophy & Economics, war bis 2004 Mitglied der Geschäftsleitung der CSC Ploenzke AG. Er beschäftigt sich mit der Re-Vitalisierung von Unternehmen und der Einführung intelligenter Organisationen. www.juergen-fuchs.de

Jürgen Fuchs

Das Märchenbuch für Manager

Gute-Nacht-Geschichten für Leitende und Leidende

Deutscher Taschenbuch Verlag

Ungekürzte Ausgabe
Juni 2007
4. Auflage April 2008
Deutscher Taschenbuch Verlag GmbH & Co. KG,
München
www.dtv.de

Umschlagkonzept: Balk & Brumshagen
Umschlaggestaltung: Stephanie Weischer unter Verwendung
eines Fotos von Corbis/Ray Juno
Gesetzt aus der Rotis Serif 10/13,5'
Satz: Greiner & Reichel, Köln
Druck und Bindung: Druckerei C. H. Beck, Nördlingen
Gedruckt auf säurefreiem, chlorfrei gebleichtem Papier
Printed in Germany · ISBN 978-3-423-34417-3

Inhalt

Über die Zukunft

Über die Globalisierung

Liebe Leserin, lieber Leser!

»Es war einmal …«, so beginnen alle Erzählungen, Märchen und Fabeln, in denen Sozialverhalten von Menschen beschrieben wird. Sie vermitteln und vererben die »Do's« und »Don'ts«, überall auf der Welt, nicht nur für Kinder. Vielleicht gibt es typische Verhaltensmuster, die wir in kleinen und großen Unternehmen, in Dorfgemeinschaften, Familien oder am königlichen Hofe finden, insbesondere wenn es um Führung von Menschen geht. Vielleicht gibt es sogar markante Verhaltensweisen von Führungskräften, je nachdem, welches Menschenbild und welches Unternehmensbild sich in ihrem Kopf breitgemacht hat. Dieses Buch ist eine Sammlung von kleinen Geschichten, die das Leben schrieb, die aber nie die Wirklichkeit beschreiben.

Es beleuchtet den Alltag von Managern und den sie umgebenden Menschen. Der Begriff »Manager« leitet sich ab von »manus« (lateinisch »die Hand«) und von »maneggiare« (italienisch »handhaben«). Das Wort »Manager« wurde erstmalig 1870 in England benutzt, als Bezeichnung von Zirkusdirektoren, die in der Manege managen.

Das Märchenbuch wendet sich nicht an die »perfekten« Manager, die als Dompteure Menschen dressieren wollen. Die alles und alle fest im Griff haben wollen. Die an den Schalthebeln von bürokratischen Unternehmensmaschinerien stehen wollen oder die sich ihr eigenes Abteilungs-Maschinchen abteilen. Hauptsache, sie sind an einem Schalthebel und können im Geschehen herumrühren. Für die sind Menschen nur Untergebene, die unten sind und geben.

Dieses Buch ist geschrieben für die Menschen, die unter diesen Managern leiden, besonders aber für die vielen Führungskräfte,

- die nicht nach diesen Klischees arbeiten,
- die Menschen begeistern und ihnen Orientierung geben,
- die nicht gegen, sondern mit den Menschen arbeiten, für ein gemeinsames Ziel,
- die Menschen nicht krampfhaft motivieren wollen, sondern die Eigen-Motivation und Selbst-Verantwortung fordern und fördern,
- die Menschen ent-fesseln, damit diese sich selbst ent-wickeln, ent-puppen und ent-falten: wie Schmetterlinge,
- die Mut haben, Menschen Mut zu machen, über sich selbst und über sie selbst hinauszuwachsen,
- die etwas unternehmen und nicht für Unterlassung Geld kassieren wollen.

Ich möchte nicht nur kritisieren und persiflieren. Mir ist bekannt, dass es einfacher ist, Richtiges zu schreiben, als Richtiges auch zu tun. Das sehe ich täglich an meinen eigenen Fehlern, die ich mache. Ich möchte aber wachrütteln, Denk-Anstöße geben und positive Bilder vermitteln, wie wir aus unserem Standort Deutschland einen Bewegungsraum machen können. Wir, das sind wir alle. Aber besonders diejenigen, die Rahmenbedingungen gestalten: Tarifparteien, Politiker, Schulen, Unternehmer, Manager und Betriebsräte. Der Globus wird zum Dorf. Kommunikationstechnik und Logistiknetze ziehen die Erde zusammen. Globalität wird Realität. Nach dem Weltmarkt der Produkte, der Informationen und des Kapitals haben wir jetzt auch den Weltmarkt der Arbeit. Der

Globus schrumpft. Wir Deutschen müssen wachsen. Wir müssen aber auch wachsen dürfen.

Vielleicht hilft dieses Buch, die Arbeitswelt etwas menschlicher zu gestalten, damit die Menschen nicht tagsüber all die Demütigungen und Entmündigungen erdulden müssen, die systemimmanent sind und die wir mittlerweile als normal betrachten – weil sie der Norm entsprechen. Bis 17:00 Uhr. Danach sind dieselben Menschen dann Vorstand im Kaninchenzüchterverein, im Tennisclub und in der Familie. Dann haben sie wieder die Personalverantwortung für sich selbst, und dann unternehmen sie all das, was sie im Unternehmen nicht unternehmen durften. Vielleicht und hoffentlich schafft dieses Buch positive Veränderungen, damit wir nicht arbeiten, um später einmal zu leben, sondern die Arbeit als einen anregenden, erfüllenden und wertvollen Teil unseres Lebens empfinden. Nicht immer – aber immer öfter. Ich würde mich sehr darüber freuen.

PS: Liebe Leserinnen, betrachten Sie es bitte nicht als Missachtung der Frauen, wenn ich in dem Buch so viele männliche Begriffe benutze, zum Beispiel der Chef, der Boss, der Kunde, der Mitarbeiter, der Vorstand, der Vorgesetzte oder der Politiker. Die Wirtschaftswelt ist bisher sehr durch maskuline Worte geprägt. Aber die femininen Begriffe gewinnen immer mehr an Bedeutung, zum Beispiel die Intuition, die Innovation, die Faszination, die Intelligenz und nicht zuletzt die Macht.

Einladung zur neuen Ausgabe

Eine Frage an die Leserinnen und Leser: Was tun viele Deutsche, wenn sie das Licht am Ende des Tunnels sehen? Antwort: Sie verlängern den Tunnel!

Können Sie das Gejammer auch nicht mehr hören? Ja, wir leiden. Aber wir leiden auf hohem Niveau. Diese Situation gab die Impulse für drei neue Kapitel des Märchenbuchs:

- »Über das Leben«: Leiden Sie noch oder leben Sie schon?
- »Über den Mut«: Warten Sie noch oder handeln Sie schon?
- »Über die Globalisierung«: Reisen Sie noch in die Ferne oder schon zu sich selbst?

Ich wünsche Ihnen viel Spaß und ein paar Denkanstöße, die auch zum Schmunzeln anregen. Denn das Leben ist zu kurz für ein langes Gesicht.

Ihr Jürgen Fuchs

Über den Menschen

An dem Tag, an dem du die volle Verantwortung für dich selbst übernimmst, an dem Tag, an dem du aufhörst, Entschuldigungen zu suchen – an diesem Tag beginnt dein Leben.

Sprichwort

Willst du glücklich sein im Leben, trage bei zu anderer Glück, denn die Freude, die wir geben, kehrt ins eigene Herz zurück.

Johann Wolfgang von Goethe

Eine der wichtigsten Fortbewegungsarten des Menschen ist, dem anderen auf halbem Wege entgegenzugehen.

Sprichwort

Man sieht nur mit dem Herzen gut.
Das Wesentliche ist für die Augen unsichtbar.

Antoine de Saint-Exupéry

Wenn es ein Geheimnis für den Erfolg gibt, so ist dies:
Den Standpunkt des anderen verstehen und die Dinge mit seinen Augen sehen.

Henry Ford

Wer glaubt, etwas zu sein, hat aufgehört, etwas zu werden.

Sokrates

Ein Mensch ist nicht viel. Aber nichts ist so viel wie ein Mensch.

André Malraux

Aufs Ziel fixiert

Es war einmal ein Hund, der liebte rohes Fleisch – wie fast alle Hunde. Er lief an einem Zaun zwischen zwei Bäumen hin und her. Dabei fixierte er ein schönes Stück Fleisch, das direkt hinter dem Zaun lag. Er versuchte, durch die Maschen zu beißen. Vergeblich. Er buddelte unter dem Zaun. Zu hart. Er rannte nach rechts bis zu dem Baum und dann nach links und wieder zurück. Er konnte das Fleisch nicht aus den Augen lassen. Bis es eine Katze wegschnappte. Hilflos und wütend rannte der Hund hinter ihr her. Dabei merkte er – allerdings zu spät –, dass der Zaun an den Bäumen endete.

Und weil er nicht bereit war, um den Baum herumzulaufen, passierte es ihm immer wieder. Denn dann hätte er ja das schöne Fleisch für kurze Zeit aus den Augen lassen müssen ...

Gottes Hilfe

Ein frommer Mann wollte seiner Familie ein sorgenfreies Leben schenken und betete jeden Tag zu Gott, er möge ihn doch in der Lotterie gewinnen lassen. Nach sechzig schweren Jahren starb er und beschwerte sich an der Himmelstüre: »Was bist du für ein Gott? Warum hast du mir nicht geholfen?« »Ich wollte dir so gerne helfen. Ich habe es immer wieder versucht, aber du hast nie ein Lotterielos gekauft.«

Den besten Samen teilen

Es war einmal ein Farmer, dessen Mais auf der staatlichen Landwirtschaftsmesse stets den ersten Preis gewann. Der Farmer hatte allerdings die merkwürdige Angewohnheit, seine besten Samen mit allen Farmern der Nachbarschaft zu teilen.

Als man ihn fragte, warum er das tue, sagte er: »Es liegt in meinem eigenen Interesse. Der Wind trägt die Pollen von einem Feld zum anderen. Wenn also meine Nachbarn minderwertigen Mais züchten, vermindert die Kreuzbestäubung auch die Qualität meines Kornes. Darum liegt mir daran, dass auch sie nur den allerbesten anpflanzen.«

Ein Lächeln

Es kostet nichts und bringt viel.
Es kommt immer zurück.
Es bereichert den Empfänger und den Geber.
Es ist kurz und die Erinnerung daran oft unvergänglich.
Keiner ist zu reich, um darauf verzichten zu können.
Keiner ist zu arm, dass er es sich nicht leisten könnte.
Es bringt Glück und ist ein Zeichen von Freundschaft.
Es bekommt erst dann seinen Wert, wenn es verschenkt wird.

Lächeln Sie – auch am Telefon. Ihr Kunde merkt es.

Die Raupe und der Schmetterling

Ein Schmetterling hörte eine Raupe in ihrem Kokon jammern und klagen: »Ich bin so hässlich. Ich bin gefesselt. Alles ist eng, alles ist grau. Du hast es gut! Bei dir scheint die Sonne. Alles ist hell, und du bist so farben-froh.« Im ersten Moment ärgerte sich der Schmetterling über das störende Gejammer. Aber dann tat ihm die Raupe doch leid. Denn schließlich war er ja auch mal eine Raupe gewesen und kannte diese Gefühle.

Also rief er der Raupe zu: »Deine Zukunft liegt in deiner Herkunft! Du stammst von einem Schmetterling, und du wirst ein Schmetterling. Raff dich auf! Streng dich an! Wenn du dich immer nur als Raupe siehst, dann bleibst du faul und wirst in deinem Kokon verfaulen. Brech deinen Kokon endlich auf! Ent-puppe dich als das, was du wirklich bist: ein Schmetterling.«

Und weil sie noch nicht sterben will,
schafft sie den Durch-Bruch jetzt ganz schnell.
Ent-wickelt sich vom »Sie« zum »Er«.
Ent-faltet sich dann mehr und mehr.
Wird das, was sie im Geist schon sah:
Ein Schmetterling – erst fern, dann nah.
Er breitet weit die Flügel aus
und lockt die nächste Raupe raus.

Last oder Lust?

Was bewegt den Menschen? Last oder Lust? »Nichts geschieht, denn aus Lust«, sagte ein römischer Staatsmann. Aber wurde nicht die Brücke am Kwai von britischen Kriegsgefangenen gebaut unter massivem Druck der Japaner? Schafften sie nicht sogar eine ganze Eisenbahnlinie durch den Dschungel? Bringt nicht die drückende Schuldenlast eines Hauses den Familienvater zu unglaublichen Leistungen? Wird der Verkäufer nicht durch hohe Vorgaben erst richtig angespornt? Bringt nicht der Druck und die Angst die Menschen dazu, sich zu bewegen und etwas zu bewegen?

Aber Achtung! »Angst frisst die Seele« sagt ein afrikanisches Sprichwort. Die Seele von Menschen und die Seele von Unternehmen. Denn das Leben lehrt uns auch ein anderes Bild. Leben entsteht nur durch Lust. Auch das Springen der Delfine und das Bergsteigen der Menschen, beides beruht auf dem Lustprinzip. Menschen, die etwas schaffen wollen, sind beseelt von einer Idee: die Gebrüder Wright wollten fliegen, die Herren Daimler und Benz mit einem Automobil fahren, Lindbergh den Atlantik überqueren und Albert Schweitzer den Afrikanern helfen. Alle haben etwas geschaffen, alle etwas geleistet, aus eigenem Antrieb – freiwillig.

»Lust auf Leistung« nennt Professor von Cube diese Kraft, die allen Menschen innewohnt. Ein völlig natürliches Lebensprinzip. Lust bringt Leben. Lust schafft Leistung. Hoffentlich auch in der Arbeitswelt!

Das Märchen vom Lob

Es war einmal ein kleines Land hinter den großen Bergen. Dort lebte ein Volk, das für seine Lebensfreude weit und breit bekannt war. Die Menschen begegneten sich mit Lachen, erzählten sich gegenseitig, was sie Gutes voneinander gehört hatten, und lobten die Erfolge ihres Gegenübers. Als äußeres Zeichen des Lobes nahmen sie einen kleinen Sticker von ihrer Brust, überreichten ihn dem anderen, der ihn dann mit Freude und auch etwas Stolz an seine Brust heftete. So liefen sie alle mit zehn, zwanzig Stickern beheftet herum.

Eines Tages kam ein Besucher in das Land, dem das Ganze fürchterlich suspekt war. Er war gewohnt, dass es für Menschen Lob genug ist, wenn sie nicht kritisiert werden. Er begann, die Menschen nach der Anzahl ihrer Sticker einzuteilen, fand aber kein System. Dann sprach er mit einigen von ihnen und warnte sie: »Pass auf, dass du auch einen Sticker wiederbekommst, sonst hast du eines Tages keine Sticker mehr.« »Schau mal, der hat aber viele Sticker, viel mehr als du. Ist der vielleicht beliebter?« »Ich habe hier ein paar Sticker aus meinem Land. Die kannst du dir selbst an die Brust heften. Dann hast du mehr als die anderen.« Durch all diese Reden wurden die Menschen unsicher und auch zurückhaltender mit dem Lob für andere. Sie begannen, sich abends in ihren Zimmern selbst zu loben und einen der falschen Sticker anzuheften. Draußen berichteten sie den anderen von ihren tollen Taten und warum sie so viele Sticker an ihrer Brust hatten.

Die Begegnungen der Menschen wurden weniger herzlich. Sie hörten einander nicht mehr zu, und sie konnten einander nicht mehr in die Augen sehen, weil sie alle so gebückt gingen. Die Last der vielen Sticker-Fälschungen, die der Fremde tonnenweise eingeführt hatte, drückte nicht nur auf ihr Herz, sondern auch auf ihr Rückgrat. Die Freude und das Lachen waren aus dem Land gewichen und viele sehnten sich wieder nach den alten Zeiten zurück. In geheimen Zirkeln begannen sie wieder, sich gegenseitig zu sagen, was sie an dem anderen gut, nett und liebenswert fanden. Allerdings ohne diese blöden Sticker, die allen zur Last geworden waren.

Dabei spürten sie bald, dass ein ehrliches Wort der Anerkennung ungeheuer viel wert ist. Eine kleine persönliche Aufmerksamkeit von Herzen zählt oft mehr als große materielle, aber unpersönliche Geschenke. Die sind schnell vergessen. Sie belasten vielleicht sogar. Wirklich tief geht das Erlebnis der persönlichen Wahrnehmung und Wertschätzung.

Es war eine richtige kleine Revolution. Erst einer, dann wenige und sehr schnell alle liefen ohne die Sticker herum, jagten den Fremden außer Landes und warfen ihm die vielen falschen Sticker noch hinterher.

Und wenn er nicht gestorben ist, dann rennt und rennt er heute noch.

Der Jongleur

Es war einmal ein Jongleur, der konnte fünf Bälle gleichzeitig in der Luft halten. Wie jeder von uns?! Weil Zeit Geld ist, wollen wir vieles gleichzeitig tun. Multi-Tasking nennt man das. Zeitgleiches Erledigen verschiedener Dinge: den Bericht lesen und auch noch das Mail, das gerade reinkommt. Sofort am PC beantworten, dann ist es »vom Tisch«. Telefonat annehmen.

Das Angebotskonzept entwerfen und das Kundengespräch vorbereiten. Zwischendurch noch schnell zwei Telefonate erledigen und auch den Kollegen, der gerade reinkommt. »Seine Frage war auch zu dumm!« Jetzt noch schnell der Sekretärin die Stellungnahme zum Bericht diktieren.

Das Handy wird natürlich auch noch bedient. Seine Musik ist so schön, dass sie eigentlich gar nicht stört. Und wer was auf sich hält, der hat zwei Telefone auf dem Schreibtisch: ein festes und ein mobiles. Schließlich hat der Mensch ja zwei Ohren (falls mal beide klingeln).

Das ist Multi-Tasking live. Der Computer kann das. Der ist darauf programmiert. Er kann mehrere Tasks (Aufgaben) gleichzeitig erledigen: Daten suchen, Texte empfangen, Daten auf den Drucker geben, ein Mail abschicken und noch eine Fehlermeldung geben. Damit er nicht durcheinanderkommt, gibt es eine sehr komplexe Software, zum Beispiel Windows, die für Ordnung sorgt. Und die dem Computer hilft, alles in der richtigen Reihenfolge zu tun. Denn der Computer kann zu einem Zeitpunkt immer nur eine Operation ausführen. Da er sehr schnell ist, haben wir den Eindruck, er kann alles zeitgleich. »Intel Inside« macht's möglich!

Und wie ist das bei uns? Mit etwas Übung kann man abends vor dem Fernseher bügeln, mit der linken Schulter den Telefonhörer ans Ohr pressen, dem Partner die Einkaufsliste diktieren und dem Kind eine seiner vielen Fragen beantworten. Die Gehirnforscher haben festgestellt, dass wir zwar vieles gleichzeitig erledigen können. Aber wir können es nicht bewusst erleben. Dieses Durcheinander überfordert unser Gehirn. Alle drei Sekunden prüft es zwar, was es Neues gibt. Es erfasst dabei aber nur einen Sachverhalt, der dann in unser Bewusstsein geht. Alles andere bleibt Grundrauschen. Wir können uns später nicht daran erinnern. All dies belastet aber unser Unterbewusstsein, bringt es in Dauerspannung und Überforderung.

Ein chinesischer Meister wurde von seinen Schülern gefragt: »Was ist das Geheimnis deiner Weisheit und deiner Gelassenheit?« Er antwortete: »Wenn ich gehe, dann gehe ich. Wenn ich stehe, dann stehe ich. Wenn ich sitze, dann sitze ich. Wenn ich esse, dann esse ich.« Die Schüler sagten: »Aber Meister, das tun wir doch auch!« Darauf erwiderte der Mann: »Wenn ihr geht, dann steht ihr schon. Wenn ihr steht, dann sitzt ihr schon. Wenn ihr sitzt, dann esst ihr schon. Und wenn ihr esst, dann geht ihr schon.« Zeit ist Leben. Und wer keine Zeit hat, der hat kein Leben.

Der Tempel der tausend Spiegel

Einer indischen Sage nach steht in Tibet der »Tempel der tausend Spiegel«. Es ist ein runder Tempel, der innen ringsum mit vielen, vielen Spiegeln ausgekleidet ist.

Eines Tages kommt ein Hund zu dem Tempel. Er schnuppert kritisch, geht die Stufen hinauf, runzelt die Stirn und fletscht schon mal vorsichtshalber die Zähne. Falls andere Hunde im Tempel sind, sollen sie sofort Angst bekommen. So geht er durch die Tür. Tausend Hunde stehen ihm mit gefletschten Zähnen gegenüber. Sofort beginnt er wie wild zu bellen. Im selben Moment bellen ihm tausend Hunde entgegen. Das ist zu viel. Verstört rennt er raus: »Hab ich's doch gleich gesagt. Die Welt ist voller böser Hunde. Das nächste Mal muss ich noch böser sein.«

Am Nachmittag kommt ein anderer Hund zu dem Tempel. Er ist gut gelaunt, genießt die Sonne und freut sich darauf, etwas Neues zu entdecken. Schwanzwedelnd läuft er die Stufen hoch in den Tempel. Und was sieht er: Tausend Hunde blicken ihn freundlich und schwanzwedelnd an. »Wusst' ich's doch schon immer. Die Welt ist voller netter Hunde.« Er fühlt sich wieder bestätigt und läuft mit Stolz und guter Laune weiter.

Und wenn er nicht gestorben ist, dann wedelt er noch heute.

Die fünf Mäuse

Es waren einmal fünf Mäuse. Sie wohnten in einer Scheune. Die Vordermaus direkt neben der Tür, die Hintermaus an der gegenüberliegenden Seite, die Rechtsmaus in einer kuscheligen Ecke der rechten Wand und die Linksmaus in der linken Wand. Die Dachmaus lebte in einem netten Plätzchen auf dem Dachboden, dort wo das Heu lagert. Sie hatten alle miteinander sehr viel Spaß, genossen ihre Gesellschaft, das gemeinsame Futtersuchen und das Ärgern der Katze.

An einem schönen Sommerabend gingen sie schlafen, jede in ihrer Kuschelecke. Plötzlich erschraken sie fast zu Tode. In der Scheune hatte es »Muh« gemacht und noch einmal »Muh«. Aufgeregt rannten sie aus der Scheune. Alle redeten wild durcheinander über das riesige Ungeheuer. »Ich habe es genau gesehen«, sagte die Vordermaus, »es hängt in der Luft und hat Hörner.« »Ich wusste ja schon immer, dass du blöd bist«, rief die Rechtsmaus, »aber es ist ja wirklich schlimm. Das Ungeheuer hat keine Hörner. Es sieht aus wie ein langer Tisch mit einer ganz dicken Platte drauf.«

Die Linksmaus verbündete sich sofort mit der Rechtsmaus und versuchte mit ihrer piepsigen Stimme das Durcheinander zu übertönen. Dann aber schrie die Hintermaus: »Ruhe! Ruhe! Ruhe. Ihr habt alle keine Augen im Kopf! Das Ding ist eine Wasserpumpe. Rechts und links sind zwei Säulen und in der Mitte ist so ein Schwengel. Wenn der sich hebt, kommt Wasser aus dem Ungeheuer. Ich hab es mit eigenen Augen gesehen.«

Jetzt ging der Streit erst richtig los. Die Stimmen überschlugen sich. Die Rechts- und die Linksmaus bestanden auf ihrer Version. Die anderen kämpften um ihre Sichtweise. Den Verletzungen mit harten Worten folgten schon bald die ersten Bisswunden. Bis sich die Dachmaus in einer Sekunde des Atemholens Gehör verschaffte: »Stopp! Hört auf! Ihr habt ja alle recht! Jede hat ihren Standpunkt, aus dem sie das Ungeheuer sieht. Lasst uns um die Scheune herumgehen und jeden Stand-Punkt gemeinsam beziehen.« Der Widerstand gegen den Vorschlag war nur kurz. Die Wunden schmerzten, und außerdem hatte es schon wieder »Muh« gemacht. Es musste endlich Klarheit her. Die kam dann auch bei dem Rundgang sehr schnell. Etwas erstaunt, aber sehr erleichtert, freuten sich die Mäuse über ihre neue Erfahrung. Und sie tanzten bis in den frühen Morgen.

Und wenn sie nicht gestorben sind, dann tanzen sie noch heute.

Die Zeit, unser Feind

Es war einmal und ist immer noch: Die Zeit ist unser Feind! Wir vertreiben die Zeit. Wir schlagen die Zeit tot. Andererseits ist sie uns aber wertvoll. Wir ärgern uns, wenn man uns die Zeit stiehlt. Denn Zeit ist schließlich Geld. Und nicht nur das: Sie ist unser Leben.

Wir kämpfen darum, Zeit zu haben. Wir wollen Zeit haben. Und wenn wir sie haben, dann wollen wir sie nicht haben.

Wir zerlegen die Zeit in Arbeits-Zeit und Frei-Zeit. Die Arbeits-Zeit hassen wir und die Frei-Zeit vertreiben wir. Wir sind stolz darauf, wenn wir sagen können: »Ich habe keine Zeit.« Dann sind wir zwar gestresst, aber wir fühlen uns so richtig wichtig.

Wir freuen uns, wenn uns Menschen ihre Zeit schenken. Dann fühlen wir uns wertvoll.

Geschenkte Zeit macht uns wertvoll. Zeit ist wertvoll, voller Wert. Zeit ist wert, gelebt zu werden. Zeit ist unser Freund.

In der Fremde

Es waren einmal zwei Kinder, die wanderten mit ihren Eltern in ein fremdes Land aus. Von den Eltern hörten sie immer wieder, dass sie im feindlichen Land seien, dass man vorsichtig sein müsse, misstrauisch und zurückhaltend. Das eine Kind hielt sich an diese Weisung, erlebte seine Umwelt als feindlich und entwickelte als Überlebensstrategie eine offensive Haltung. Erwachsen geworden wartete es nicht, bis es angegriffen wurde, sondern zeigte sich kämpferisch, versuchte alles zu erreichen, was es wollte, und wurde etwas misstrauisch und verschlossen. Beruflich hatte es Erfolg, gelangte zu Macht und Ehren, blieb aber einsam, hatte keine Freunde und starb schließlich verbittert und ohne je glücklich geworden zu sein.

Das andere Kind hörte seinen Eltern ebenfalls aufmerksam zu, aber auch den Menschen seiner Umgebung. Es begegnete diesen offen und aufmerksam. Dadurch machte es ganz andere Erfahrungen. Es fand Anschluss, vergaß bald, dass es ein Fremdling war, und fühlte sich zu Hause im neuen Land. Auch das zweite Kind war nicht blind für die falschen Motive, die es zuweilen bei anderen sah. Aber es erlebte auch immer wieder beglückende Situationen, die sein Zutrauen steigerten. Es lernte, dass Offenheit ein guter Weg war. Als Erwachsener machte es seinen Weg genauso wie das andere, obwohl es weniger erfolgreich, weniger mächtig und weniger gefürchtet war. Es fand aber mehr Muße, mehr Glück und Freunde und starb nach einem reichen Leben, mit sich und seiner Umwelt in Frieden – zu Hause und nicht in der Fremde.

Obwohl sie schon gestorben sind, leben beide heute weiter.

Die schnell-lebige Zeit

Jeder hört es. Jeder sagt es. Jeder bedauert es: Unsere Zeit ist so schnell-lebig geworden, zu schnell-lebig. Brauchen die Kinder jetzt weniger als neun Monate, bis sie geboren werden? Dreht sich jetzt die Erde schneller? Ist ein Monat kürzer geworden, weil der Mond jetzt hektisch ist? Rennt die Zeit oder rennen wir?

Die Zeit ist nicht schnell-lebiger, und unser Leben ist auch nicht schneller geworden. Wir rennen nur schneller, wollen zu einem Zeitpunkt in zwei Meetings sein. Die Zeit ist nicht hektischer. Wir agieren nur hektischer. Wie ein Jongleur, der aus seinem Rhythmus gekommen ist. Lassen wir uns vielleicht zu leicht aus unserem eigenen Rhythmus bringen und uns fremde Rhythmen aufzwingen? Vielleicht spüren wir unseren eigenen Rhythmus schon gar nicht mehr und nehmen dankbar den fremden an. »Es ist so bequem, unmündig zu sein.« So erklärt Immanuel Kant das lang andauernde Mittelalter, das erst durch die Aufklärung beendet wurde.

Es ist auch so begehrt, begehrt zu sein. Ich habe keine Zeit, weil ich ach-so-wichtig bin. Jetzt muss ich aber zum nächsten Termin. Ist das eine schnell-lebige Zeit! Ist das eine Hetze! Lebe ich eigentlich? Oder bin ich nur auf der Flucht? Vielleicht fehlt mir der Mut zur Gemütlichkeit und der Sinn für Besinnlichkeit. Vielleicht auch die Kraft zur Entschleunigung.

Da jagt der Mensch nach Zeitgewinn
und muss sich redlich plagen.
Doch hat er Zeit, strengt er sich an,
sie wieder totzuschlagen.
(Wilhelm Busch)

Informations-Diät

»Man ist, was man isst.« Diese Volksweisheit gilt nicht nur für das Essen, sondern auch für die Informationen, die wir zu uns nehmen und verdauen müssen. Wir alle kennen trockene Bücher, flüssig geschriebene Texte oder die leichte Kost der Belletristik. Wir alle fühlen uns mit Informationen überfüttert. Manchmal stopfen wir auch alles in uns hinein oder haben an Informationen schwer zu kauen.

Informationen sind wie Speisen und Getränke. Ich nehme sie auf, verdaue sie, d.h. ich verwandele sie in Wissen. Wenn die Informationen gut zubereitet sind, schmecken sie mir. Dann »esse« ich sie mit Genuss. Informationen, die meine Fähigkeiten, mein Wissen und meinen Wert steigern, nehme ich gerne auf wie eine gesunde Ernährung, die mich fit und leistungsfähig macht.

Leider ist die Informationsspeise häufig »Fast Food«: hektisch zubereitet und lieblos hingeworfen. Ob Massenmedien, Mail-Flut oder Fernsehnachrichten – Hauptsache, das Essen ist aus der Küche raus. Ob sie dem Gast schmeckt, ist dem Koch völlig egal: raus, raus, raus.

Ein ganz gewöhnlicher Fernsehabend: Die 20.00-Uhr-Nachrichten, Erdbeben in der Türkei. Es sind doch nicht 745 Tote, sondern 802. Mitten in Afrika sind wieder 524 Kinder verhungert, und ein Palästinenser hat einen Israeli getötet. Oder war es umgekehrt? Und zum Dessert noch ein umgestürzter Bus in XYZ. Muss ich mir das alles jeden Abend antun? Horrorfilme live und das freigegeben ab 6 Jahren. Welchen Wert bringt mir diese Kost? Entweder ich stumpfe ab oder die Speise liegt mir schwer im Magen.

Ähnlich geht es mit der Mail-Flut, besonders die mit »cc«. Dort ist wieder etwas schiefgelaufen. Herr Müller hat erneut seine Zusagen nicht eingehalten. Und so weiter. Jeder dieser Köche ist so richtig wichtig. Er ist stolz auf sein Menü. Aber muss ich das alles essen? Kann ich das alles verdauen und daraus sinnvolles Wissen machen? Oder verderbe ich mir nur den Magen bei all dem Durcheinander und bekomme noch Blähungen? Und dann sagen die Köche, die mir das alles angerichtet haben: »Der hat heute aber eine miese Laune. Der hat wohl schlecht geschlafen.« Stimmt sogar: bei so viel Mail-Müll, der da aufgetischt wurde.

Wie wäre es mit einer Informations-Diät? Heilfasten: Fernseher ausschalten, Mail-Müll abschaffen. Ich stelle mir meinen Speiseplan jetzt selbst zusammen. Mir persönlich machen Informationen Freude,
- wenn ich sie gut gebrauchen kann,
- wenn ich sie noch nicht hatte,
- wenn sie speziell für mich ausgesucht wurden,
- wenn sie mich bereichern und
- wenn sie für mich liebevoll eingepackt sind.

Information als persönliches Geschenk, das schmeckt!

Der Weltveränderer

Es lebte einmal ein Kalif, der gerne folgende Geschichte erzählte: »In meiner Jugend war ich Revolutionär, und mein einziges Gebet zu Gott lautete: ›Herr, gib mir die Kraft, die Welt zu ändern.‹

Als ich die mittleren Jahre erreichte, merkte ich, dass die Hälfte meines Lebens vertan war, ohne dass ich eine einzige Seele geändert hatte. Ich wandelte mein Gebet ab und bat: ›Herr, gib mir die Kraft, all jene zu verändern, die mit mir in Berührung kommen. Nur meine Familie und Freunde, dann bin ich schon zufrieden.‹

Nun da ich ein alter Mann bin und meine Tage gezählt sind, beginne ich einzusehen, wie töricht ich war. Mein einziges Gebet lautet jetzt: ›Herr, gib mir die Kraft, mich selbst zu ändern.‹«

Die Skulptur

Michelangelo wurde einmal gefragt, wie er solche Meisterwerke schaffen könne. »Das ist ganz einfach. Wenn ich einen Marmorblock betrachte, sehe ich die vollkommene Skulptur darin. Ich muss nur noch den überflüssigen Marmor entfernen.«

Über das Leben

Ein Tag ohne Lachen ist ein verlorener Tag.

Arabische Weisheit

Achte auf deine Gedanken, denn sie werden deine Worte.
Achte auf deine Worte, denn sie werden deine Taten.
Achte auf deine Taten, denn sie werden dein Charakter.
Achte auf deinen Charakter, denn er wird dein Schicksal.

Talmud

Alles, was langfristig bestehen soll, muss aus Wurzeln wachsen und kann nicht von Zielen gezogen werden.

Rudolf Steiner

Im Alter von 15 war ich bereit zu lernen,
im Alter von 30 nahm ich meinen Platz ein,
im Alter von 40 öffnete ich meinen Geist,
im Alter von 50 verstand ich das Leben,
im Alter von 60 folgte ich meiner Intuition,
im Alter von 70 folgte ich meinem Herzen,
ohne mich selbst zu verlieren.

Konfuzius

Tu's einfach

Ein alter Mundharmonikaspieler stand in der Fußgängerzone. Ein kleiner Junge blieb mit seinen Eltern bei ihm stehen. Der Mundharmonikaspieler beugte sich zu dem Jungen herunter: »Willst du auch einmal spielen?« »Ich kann das doch nicht!«

Da lächelte der Mann und sagte mit sanfter, aber fester Stimme: »Sag niemals, ich kann nicht, bevor du es nicht versucht hast.« Er gab ihm die Mundharmonika und der Junge entdeckte sein Talent. Ray Charles wurde später zu einem gefeierten Musik-Star.

Damit ja nichts passiert

Es war einmal ein typisch deutscher Bürger. Er war sehr sicherheitsbewusst. Deshalb schloss er alle Risiken durch Versicherungen aus und alle Türen zweimal ab. Als Kind hatte er zu hören bekommen: »Pass auf, damit ja nichts passiert!« Er wurde in dieses Schema eingepasst, und jetzt passte es zu ihm. Sein Kopf war voller Ampeln, und alle standen auf Rot. Er liebte rote Ampeln – auch im Straßenverkehr. Wenn er stillstand, konnte ja nichts passieren.

Deshalb gibt es in Deutschland Millionen dieser Götzen der Sicherheit. Nicht nur im Straßenverkehr, auch in den Unternehmen und in der Politik. Kein Wunder, dass alles stillsteht. Still und sicher, damit ja nichts passiert. Und jetzt passiert auch wirklich nichts mehr, auch nicht für den Kunden. Und deswegen passieren uns jetzt die Kunden.

Eines Tages hatte unser Sicherheitsfanatiker einen Traum. Er sah den Kapitän eines großen Segelschiffes, der seine Mannschaft ermutigte: »Der Hafen ist der sicherste Platz für ein Segelschiff. Aber dafür ist ein Schiff nicht gebaut!« Unter tosendem Beifall hisste die Mannschaft die Segel und stach in See. Alle Augen glänzten und die Gesichter strahlten.

Und weil er noch nicht sterben will, kündigt unser deutscher Bürger die erste Versicherung und überfährt eine Ampel bei Rot – an einem ruhigen Sonntagnachmittag, als weit und breit kein Auto zu sehen ist. Er ignoriert die erste Konzern-Richtlinie und unternimmt etwas, weil der Kunde es dringend braucht. Sein Herz klopft ihm bis zum Hals. Endlich passiert etwas. Die ersten kleinen Ereignisse des großen Abenteuers: Leben.

Zu spät

Auf dem ICE-Bahnsteig in Frankfurt saß ein älterer Mann und verkaufte Brezeln und Erfrischungsgetränke. Gerade als der ICE abfuhr, kam ein junger gestylter Banker auf den Bahnsteig gerannt. Völlig außer Atem lehnte er sich an den Brezelstand: »Zu blöd, ich bin nicht schnell genug gelaufen.« Der Mann lächelte sanft: »Vielleicht sind Sie nur zu spät gestartet.«

Der Schatz der Schnecke

Die Tiere hielten eine Versammlung ab und begannen sich darüber zu beklagen, dass die Menschen ihnen immer wieder Dinge wegnehmen. »Sie stehlen meine Milch«, schimpfte die Kuh. »Sie klauen meine Eier«, jammerte die Henne. »Sie nehmen mein Fleisch und machen Speck daraus«, beschwerte sich das Schwein. »Sie machen Jagd auf mich wegen meines Öls«, entrüstete sich der Wal. Und so ging es fort.

Schließlich meldete sich die Schnecke zu Wort: »Ich habe etwas, was sie auch gern hätten, sogar mehr als alles andere. Sie nähmen es gerne weg, wenn sie könnten. Aber sie können es nicht.« »Und was ist das?«, fragten die anderen Tiere ganz gespannt.

Die Antwort der Schnecke war kurz: »Ich habe Zeit.«

Das Auto

Ein indischer Guru saß im Kreise seiner (meist westlichen) Schüler, die ihn fragten: »Was ist das Leben?« »Das Leben ist wie ein Auto. Du kannst dich hineinsetzen, das Steuer in die Hand nehmen und spannende Reisen machen. Du kannst dich aber auch vor das Auto legen, dich von ihm überrollen lassen und das Auto dafür verantwortlich machen. Du hast immer die Wahl.«

»Guten Tag«

Es war einmal ein kleiner Tag. Er lebte dort, wo alle Tage leben, bevor sie auf die Erde kommen, und wohin sie wieder gehen, nachdem sie ihren Tag auf der Erde gelebt haben. Dann berichten sie von all den besonderen Ereignissen, die gerade sie unvergesslich machen werden: die Krönung der englischen Königin, der Ausbruch des Zweiten Weltkriegs, das Eisenbahnunglück in Indien oder das Erdbeben in China.

Der kleine Tag kannte alle diese Ereignisse von den abendlichen Stammtischen, an denen sich die Tage zu übertrumpfen versuchten. Er hatte sich auch daran gewöhnt, dass dabei immer die Anzahl der Toten oder die Größe der Katastrophe etwas zählten. Es störte ihn zwar. Aber er wusste auch, dass dies mit den Menschen und deren Medien zusammenhing. Die Abendnachrichten und die Schlagzeilen konnten nicht schrecklich genug sein. »Only bad news is good news!« hieß es in der Weltsprache der Menschen. Und deshalb gab es bei ihnen Blut zum Abendessen – viel Blut, echtes Blut, nicht wie im Kino.

Endlich kam der 10. November. Das war jetzt sein Tag. Er hatte die ganze Nacht vor Aufregung nicht geschlafen und startete im Morgengrauen mit den besten Wünschen seiner Eltern und Freunde. Die Menschen schlichen mit Regenschirmen mürrisch zur Arbeit. Ein feiner Nieselregen tauchte besonders die Städte in ein unfreundliches Grau. Da bat er die Sonne, sich durch die Wolken zu drücken. Denn er wollte, dass sein Tag ein freundlicher Tag wird. Mit letzter Kraft sorgte die Sonne für ein wenig Helligkeit. Schließlich war es schon spät im Jahr.

Und siehe da, auch die Blicke der Menschen erhellten sich. Der kleine Tag sah, wie das Sonnenlicht in den Nebeltropfen eines Spinnennetzes funkelte. Er lachte vor Freude, als sich sogar die Regenbogenfarben in den Tropfen zeigten. Von solchen Wundern hatten die anderen Tage noch nie berichtet. Dann hörte er die Kraniche rufen und bestaunte ihren kunstvollen Formationsflug. Tausende von Kranichen zogen nach Süden. »Wie wunderbar!«, rief er. Im Park entdeckte er ein Liebespaar, das eine Flasche in der Hand hielt. Er lauschte ein wenig und erfuhr, dass sich die beiden durch eine Flaschenpost kennengelernt hatten. Ihm wurde ganz warm ums Herz. Der Regen hatte wieder eingesetzt. Aber es störte den kleinen Tag nicht mehr, als er sah, wie die Kinder auf ihrem Heimweg von der Schule mit ihren Stiefelchen durch die Pfützen liefen und dabei viel Spaß hatten.

Auch in den Fabriken und Büros wurde gelacht – sogar bei der Arbeit. Viele Menschen waren stolz auf das, was sie taten, und auf ihre Firma. Weil sie von ihren Kunden, Kollegen und Chefs geschätzt wurden. »Wert-Schöpfung durch Wert-Schätzung« hieß der Leitartikel eines Wirtschafts-Magazins. Er sah noch viele Ereignisse, von denen er noch nie etwas gehört hatte: die Geburt eines Kindes, ein Fußballspiel mit vielen begeisterten Menschen, Firmenjubiläen und Geburtstagsfeiern. Mit ihm zusammen hatten viele Menschen Geburtstag. Gegen Abend hörte er Gebete in verschiedenen Sprachen aus einem großen Haus in Berlin-Kreuzberg: der erste »Gottesdienst der Hoffnung«, bei dem Moslems, Katholiken, Juden und Protestanten gemeinsam beteten.

Erschöpft und erfüllt von so vielen Eindrücken kam er spät nachts zurück zu den anderen Tagen, deren Fragen sofort auf ihn einstürmten: »Wie viele Zugunglücke?« »Wie viele Tote?« »Wie viele Kriege?« »Welche Katastrophen?« Ganz verschüchtert schüttelte der kleine Tag seinen Kopf. »Gar keine«, sagte er ganz zaghaft. Ein schallendes Gelächter. »Was für ein Tag! Der hätte ja gar nicht sein müssen!« Und dann wandten sich alle ab und erzählten sich wieder ihre alten Horrorgeschichten. Nur seine Eltern und zwei Freunde trösteten ihn. Der kleine Tag blieb für die anderen immer »der kleine Tag«, und er ging auch nicht mehr zu den abendlichen Willkommensveranstaltungen.

Sechs Monate später weckten ihn nachts seine Freunde. Lachend redeten sie durcheinander: »Wach auf. Das musst du dir anhören. Komm mit zur Versammlung. Die Menschen haben dich, den 10. November, zum ersten globalen Feiertag gemacht, zum ›Day of hope‹, zum ›Tag der Hoffnung‹.« »Am 10. November hatte es keinen Krieg gegeben, keine Katastrophen. Selbst das Fernsehen strahlte abends nur erfreuliche und menschliche Nachrichten aus.« »Deine Liebesgeschichte ist sogar verfilmt worden als ›Message in the bottle‹ und der gigantische Kranichausflug war Hauptthema bei CNN unter dem Titel ›Nomaden der Lüfte‹.«

»Die besonders hohen Einschaltquoten deines Tages bei den Nachrichtensendern animiert immer mehr Medien, die allabendlichen Horrorszenen durch ermutigende Nachrichten zu ersetzen. Jetzt gibt es schon die ersten ›Optimismus-Sender‹ und die ›Positive Times‹. Mit riesigem wirtschaftlichen Erfolg.« »Die Menschen entdeckten seit deinem Tag die Kraft des positiven Denkens.«

»Die Politiker setzen auf den Wahlspruch: ›Make hope – not war!‹ und die Unternehmen haben erkannt: Frust frisst Gewinne! Sie behandeln jetzt ihre Mitarbeiter wie vernunftbegabte Wesen und ermutigen sie zu selbstbewusstem und eigenverantwortlichem Handeln. Der wirtschaftliche Erfolg gibt ihnen recht.«

»Überall begrüßen sich jetzt die Menschen mit ›Guten Tag‹, ›Have a nice day‹, ›Bom dia‹, ›Buenas dias‹, ›Buongiorno‹ usw. Das ist zwar nicht neu. Aber jetzt erzählen sie ihren Kollegen zur Begrüßung nicht mehr von dem Stau, von dem Computervirus, von der Kriegsmeldung im Fernsehen, von der Katastrophenschlagzeile in der Zeitung oder von den Schwachköpfen im Vorstand. Sie schenken ihnen jetzt positive Geschichten und ein Lächeln zu dem ›guten Tag‹. Damit es wirklich ein guter Tag wird. Und weil der kleine Tag noch nicht gestorben ist, feiern viele Menschen jeden Tag als ›Tag der Hoffnung‹.«

(Frei nach Wolfram Eicke »Der kleine Tag«)

Der arme Fischer

Es war einmal ein Fischer. Der lag, vom morgendlichen Fischfang zurückgekehrt, faul und schläfrig im Schatten seines Bootes am Meeresstrand. Er genoss die Siesta. Denn heute waren ihm viele Fische ins Netz gegangen. Da kam ein Tourist vorbei. »Hör mal«, sprach er den Fischer an, »kannst du dir das denn leisten, so faul hier im Schatten zu liegen. Warum gehst du nicht fischen?« »Ich war heute schon fleißig und hatte einen guten Fang. Es gab sehr viele Fische da draußen.« »Dann fahre doch noch einmal hinaus!« »Warum?« »Um noch mehr Fische zu fangen.« »Warum?« »Um mehr Geld zu verdienen.«

»Was soll ich damit?« »Investieren. Du könntest dir mehr Boote kaufen, könntest Leute einstellen, eine Konservenfabrik bauen …« »Warum?«

Den Touristen, Unternehmer von Beruf, begann das »Warum« zu nerven. »Kapierst du denn nicht: Wenn diese Konservenfabrik gut läuft, besitzt du so viel Geld, dass du fähige Führungskräfte einstellen kannst, zum Beispiel einen Betriebsleiter. Du lässt dein Geld und die Leute für dich arbeiten.«

»Was hab ich davon?«, unterbrach ihn der Fischer. »Ja, das ist doch klar. Dann kannst du richtig Urlaub machen, so wie ich. Im Schatten liegen und dein Leben genießen.« »Wozu denn dieser ganze Aufwand«, sagte der Fischer und drehte sich schläfrig auf die Seite, »das tue ich doch jetzt schon!«

(Frei nach Heinrich Böll)

Kann sein

Es lebte einmal ein chinesischer Bauer, dessen Pferd weggelaufen war, eine preisgekrönte, herrliche Stute. Deshalb kamen die Nachbarn, um dem Bauern ihr Mitleid über den herben Verlust auszusprechen.

»Du bist sicher sehr traurig!«, sagten sie. Doch der Bauer antwortete nur: »Kann sein.«

Eine Woche später kam die Stute zurück und brachte fünf wilde Pferde mit sich. Wieder kamen die Nachbarn, diesmal um zu gratulieren.

»Du bist jetzt sicher sehr glücklich«, sagten sie. Und wieder antwortete der Bauer nur: »Kann sein.«

Am nächsten Tag versuchte der Sohn des Bauern auf einem der Wildpferde zu reiten. Aber er wurde abgeworfen und brach sich ein Bein. »So ein Pech«, sagten die Nachbarn. »Kann sein«, antwortete der Bauer.

Drei Tage später kamen Offiziere ins Dorf, um Soldaten zu rekrutieren. Sie nahmen alle jungen Männer mit, außer den Sohn des Bauern, der wegen seines gebrochenen Beines nicht kriegstauglich war.

Über die Arbeit

Die meiste Zeit geht dadurch verloren, dass man nicht zu Ende denkt.
Alfred Herrhausen

Glück kommt nicht von den Dingen, die wir besitzen. Glück kommt durch die Arbeit und unseren Stolz auf das, was wir tun.
Mahatma Gandhi

Jeder Mensch hat das Bedürfnis, von anderen Menschen als wichtig betrachtet zu werden und etwas zu tun, das einen Nutzen hat.
John A. Schindler

Der höchste Lohn für unsere Bemühungen ist nicht das, was wir dafür bekommen, sondern das, was wir dadurch werden.
John Ruskin

Es ist kein Ding so leicht, dass es nicht schwierig wird, wenn man es ungern tut.
Terenz (Publius Terentius)

Lass dir von keinem Fachmann imponieren, der dir erzählt: »Lieber Freund, das mache ich schon seit 20 Jahren so!« Man kann eine Sache auch 20 Jahre lang falsch machen.
Kurt Tucholsky

Die drei Steinmetze

Es waren einmal drei Steinmetze, die arbeiteten an der Großbaustelle des Kölner Doms. Ein Märchenerzähler fragte den ersten: »Was tust du da?« Er antwortete: »Das siehst du doch. Ich behaue Steine. Die beiden muss ich noch, dann habe ich endlich Feierabend.«

Der Märchenerzähler ging weiter und fragte den zweiten. »Das siehst du doch. Ich bin Steinmetz und mache eine Statue. Ist zwar 'ne harte Arbeit, wird aber gut bezahlt. Schließlich habe ich eine Frau und vier Kinder. Die brauchen was zu essen.«

Der dritte Steinmetz legte kurz den Hammer nieder, wischte sich den Schweiß ab und zeigte mit Stolz nach oben: »Das siehst du doch. Ich baue eine Kathedrale.«

Tausend Jahre später besuchte unser Märchenerzähler das Werk eines führenden deutschen Automobilbauers. Dort sah er die Selbstabholer, die mit leuchtenden Augen auf ihr Auto warteten. Er beobachtete einen älteren Mann, der den Autos mit einem Putztuch den letzten Glanz verlieh. Unser Märchenerzähler fragte ihn: »Was machen Sie da?« Er sagte lächelnd: »Ich sorge dafür, dass diese Kunden das beste Auto der Welt bekommen.«

Und wenn er nicht gestorben ist, dann ist er heute noch stolz auf sein Werk.

Die Freude an der Arbeit

Ein Kaufmann aus Mexico City war auf dem Weg, Freunde in ihrer Hacienda zu besuchen. Es war eine mühsame Reise, denn die Straße war schlecht. Erschöpft kam unser Kaufmann im Hochland am Rand eines kleinen Dorfes an und wollte Rast machen. Da sah er einen Indio, der vor seiner Hütte saß und einen Korb flocht.

Dem Kaufmann gefiel der Korb, und er fragte nach dem Preis. »50 Pesos, Señor«, antwortete der Mann. Das war aus Sicht des Kaufmannes billig, und er rechnete sich aus, dass er mit den Körben bei den Touristen in der Stadt gewaltigen Gewinn erzielen könne. Er fragte den Korbflechter: »Und was würden 20 Körbe kosten?« »100 Pesos das Stück, Señor«, war die Antwort.

»Moment mal«, protestierte der Kaufmann, »wenn ich dir so viele Körbe abnehme, dann müssten sie doch billiger sein. Du aber verlangst den doppelten Preis.«

Da lächelte der Indio und sprach: »Señor, einen Korb zu machen, das ist Freude und Vergnügen. Aber 20 Körbe zu machen, das ist keine Freude, sondern viel, viel Arbeit.«

Und wenn sie nicht gestorben sind, dann diskutieren sie noch heute über die Freude an der Arbeit.

Die Spezialisierungs-Falle

Es war einmal ein Südsee-Häuptling, Tuiavii aus Tiavea. Er hatte Gelegenheit, einige Monate in Europa zu leben. Seine Eindrücke aus dieser seltsamen Welt der Weißen fasste er zusammen in ein paar Reden an seine Insulaner über den Papalagi (sprich: der Weiße, der Fremde). Ich möchte hier nur einige Passagen über die Arbeit wiedergeben. Die gesamten Reden sind im Tanner & Staehelin-Verlag in Zürich als Buch erschienen.

Vom Beruf des Papalagi, und wie er sich darin verirrt

»Jeder Papalagi hat einen Beruf. Es ist schwer zu sagen, was dies ist. Es ist etwas, wozu man viel Lust haben sollte, aber zumeist wenig Lust hat. Einen Beruf haben, das ist: immer ein und dasselbe tun. Etwas so oft tun, dass man es mit geschlossenen Augen und ohne alle Anstrengung tun kann. Wenn ich mit meinen Händen nichts tue als Hütten bauen oder Matten flechten – so ist das Hüttenbauen oder Mattenflechten mein Beruf.

Wenn nun der Papalagi später einsieht, dass er lieber Hütten bauen als Matten flechten würde, sagt man: er hat seinen Beruf verfehlt; das heißt so viel wie: er hat vorbeigeschossen. Dies ist ein großer Schmerz; denn es ist gegen die Sitte, nun einfach einen anderen Beruf zu nehmen. Beruf haben heißt: nur laufen, nur schmecken, nur riechen, nur kämpfen können, immer nur eines können.

Was würdet ihr nun sagen, wenn nur wenige Männer aus dem Dorfe in den Wald dürften, um die Bäume zu fällen und sie zu Pfosten zu schlagen? Und diese wenigen dürften nicht helfen, die Pfosten aufzurichten, denn ihr Beruf wäre es, nur Bäume zu fällen und Pfosten zu schlagen? Und die, welche die Pfosten aufrichten, dürften nicht das Dachgesparre flechten, denn ihr Beruf wäre es, nur Pfosten aufzurichten? Und die, welche das Dachgesparre flechten, dürften nicht helfen, es mit Zuckerrohrlaub zu decken, denn ihr Beruf wäre es, nur Sparren zu flechten?

Ihr lacht, und so würdet ihr auch sicherlich sagen: Wenn wir nur eines und nicht alles mittun dürfen und nicht bei allem helfen sollen, wozu Manneskraft dient, so ist unsere Freude nur halb – sie ist gar nicht. Und ihr würdet sicher als einen Narren erklären jeden, welcher von euch derweise forderte, eure Hand nur zu einem Zwecke zu benutzen, geradeso als seien alle anderen Glieder und Sinne eures Leibes lahm und tot. Hieraus wird denn auch dem Papalagi seine höchste Not.

Es ist schön, einmal am Bache Wasser zu schöpfen, auch mehrere Male am Tage; aber wer da von Sonnenaufgang bis zur Nacht schöpfen muss und jeden Tag und wieder und alle Stunden, soweit seine Kraft nur reicht, und immer wieder schöpfen muss –, der wird schließlich den Schöpfer in Zorn von sich schleudern in Empörung über die Fessel an seinem Leibe. Denn nichts fällt jedem Menschen so schwer, als immer genau das Gleiche zu tun.

Aber was ein rechter Mann der vielen Inseln ist, der macht seine Arbeit mit Freude, nie mit Pein. Lieber macht er sie gar nicht. Und dies ist es, was uns von den Weißen scheidet. Der Papalagi seufzt, wenn er von seiner Arbeit spricht, als erdrücke ihn seine Bürde. Singend ziehen die Jünglinge Samoas in das Tarofeld, singend reinigen die Jungfrauen die Lendentücher am strömenden Bache. Der große Geist will sicher nicht, dass wir grau werden sollen in Berufen und schleichen wie die Kröten und kleinen Kriechtiere in der Lagune. Er will, dass wir stolz und aufrecht bleiben in allem Tun und immer ein Mensch mit fröhlichen Augen und fließenden Gliedern.«

Und wenn sie nicht gestorben sind, dann singen sie noch heute bei der Arbeit.

Die Wellen des Wandels

Eine richtige Idylle. Ein schöner Strand, an dem sich die Wellen des Meeres brechen, eine nach der anderen. Jede Welle baut sich auf, wird groß und kracht dann mit Wucht auf den Strand. Welch eine Energie!

Welch eine Energie in den Wellen des Wandels! Aber wer möchte sich denn wandeln? Wer liebt wirklich die Veränderung, und wer will sich selbst wirklich verändern? Ein Stein verändert sich nicht. Er ist tot. Vielleicht wird er aber verändert von den Wellen des Meeres, bis alle Kanten abgeschliffen sind, bis er glatt und poliert ist. Dann haben die Wellen leichtes Spiel. Jetzt hört man nur noch ein leichtes Grollen, wenn die Steine aufeinander rollen. Bis sie zu kleinen Kieseln werden, zu Sand und feinem Staub – den dann der Wind verweht.

Ein Schwimmer versucht durch die Wellen zu tauchen. Immer wieder. Er strengt sich ungemein an und braucht einen langen Atem. Er kommt aber nicht von der Stelle. Bis er müde wird. Bis eine Welle ihn herumwirbelt und an Land wirft.

Ein Wellenreiter surft mit seinem Brett auf einer schönen Welle. Er nutzt die Energie der Welle für seine eigene Fortbewegung. Er agiert nicht gegen die Welle, sondern mit der Welle. Allerdings braucht er dazu Mut, Kraft und Geschicklichkeit. Er darf auch nicht nach hinten schauen, sondern hat den

Blick konsequent nach vorne gerichtet. Er wird auch nicht erfolgreich sein, wenn er nur rational surft, mit dem Verstand. Beim Umgang mit Wellen sind Gespür, Gefühl, Intuition und Erfahrung äußerst wichtig. Der Verstand reagiert viel zu langsam, um das Gleichgewicht in turbulenten Zeiten zu halten.

Das Surfen auf der Welle des Wandels lernt man nicht am Strand, nicht in einem Kurs und nicht in der Schule. Die Erfahrung und den Mut, auch mal wieder aufzustehen, und die nötige Routine gewinnt der Wellenreiter nur beim Surfen selbst. Erst auf kleinen, dann auf größeren Wellen – wie im richtigen Leben.

Ein Surflehrer übt im Wasser gerade mit seinen neuen Wellenreitern. Er macht ihnen keine Angst. Er kommandiert sie nicht, er unterdrückt sie nicht, er demotiviert sie nicht. Er motiviert auch nicht, sondern gibt der Eigenmotivation Kraft und Ziel. Wie ein guter Manager. Er macht ihnen Mut und gibt ihnen Tipps. Er lässt sie selbst surfen. Er ist dann stolz, wenn sie alle stolz sind – auf ihre eigene Leistung.

Die Manager in den Unternehmen, die sich dem Wandel stellen und die in dem Wandel die Chancen sehen, agieren nicht mehr als Dompteur wie in den starren bürokratischen Konzern- und Staatsmaschinerien. »Bleib unten! Sei ruhig! Tu dies! Lass das!« Die Menschen erstarren dort in Routine zu Steinen, die von den Wellen des Wandels zu Staub zerrieben werden.

Wer Angst sät, wird Lähmung ernten. Manager müssen nicht krampfhaft motivieren. Wenn sie nur aufhörten zu demotivieren, könnte dadurch die Produktivität schlagartig gesteigert werden. Zukunftsweisende Führungskräfte agieren wie Surflehrer, damit die Menschen keine Angst haben vor den

Wellen des Wandels. Sie erkennen und machen deutlich, dass der Wandel das einzig Beständige in der Welt des Lebendigen, in der Welt des Lebens ist.

Und wenn sie nicht gestorben sind, dann surfen sie noch heute.

Ohne Arbeit

Es war einmal ein Mann. Als er starb, fand er sich in einem wunderschönen Ort mit allem erdenklichen Komfort wieder. Ein Mann im weißen Jackett fragte ihn: »Was darf es sein? Sie können alles haben, was Sie wollen: alle Speisen, alle möglichen Vergnügungen, alle Arten der Unterhaltung.«

Der Mann war überrascht, aber hoch erfreut. Tagelang probierte er alle Delikatessen und alle Erfahrungen, von denen er auf der Erde immer geträumt hatte. Doch eines Tages wurde ihm das alles langweilig, und er fragte den Mann im weißen Jackett: »Ich bin dies alles müde. Ich brauche etwas zu tun. Welche Arbeit kannst du mir geben?«

Die Reaktion war ein Kopfschütteln: »Es tut mir leid, mein Herr. Das ist das Einzige, was wir hier nicht für Sie tun können. Es gibt hier keine Arbeit für Sie.«

Der Mann war ganz enttäuscht: »Das ist ja eine schöne Bescherung. Dann könnte ich ja auch in der Hölle sitzen!«

Der Mann im weißen Jackett sagte sanft: »Was glauben Sie denn, wo Sie hier sind?«

Der dressierte Affe

Eine schöne Palme am weißen Strand in Thailand. Auf ihr pflückt ein Affe reife Kokosnüsse. Ein dünnes Kettchen verbindet ihn mit seinem Herren. Der Affe zieht an der Kette, wenn er nach oben mehr Platz braucht. Wenn er keine Nuss mehr als reif empfindet, zieht er sehr fest. Der Thaijunge lässt los, und der Affe springt direkt in den Wipfel der nächsten Palme. Selbstverantwortliches Handeln nennt man das in der Arbeitswelt. Abends sitzen wir mit den Dorfbewohnern zusammen und unterhalten uns über das »Vermögen« der Affen, die richtige Reife der Kokosnuss abzuschätzen. Das, was der Affe vermag, ist sein Vermögen. Bekommen unsere Mitarbeiter auch ihren Freiraum, wenn sie an ihrer Kette ziehen? Dürfen sie einfach eine Dienstreise machen, um schneller zum Kunden zu kommen? Wozu dann die Reiseanträge mit vier Unterschriften? Dürfen die Mitarbeiter selbst entscheiden, ob »eine Kokosnuss reif ist«, oder wird das durch eine Richtlinie geregelt? Nutzen wir das volle Vermögen der Mitarbeiter oder »dressieren« wir sie?

Ein geschäftstüchtiger Mann stellte hundert Männer mit ihren Affen ein. Die Männer wurden danach bezahlt, wie viele Kokosnüsse die Affen von einer Palme pflücken. Ein schlauer Thaimann dressierte seinen Affen darauf, die Bäume komplett leer zu pflücken. Dazu musste der Affe allerdings seinen natürlichen Instinkt unterdrücken, nur reife Nüsse zu ernten. Die Dressur war einfach: Er schickte seinen Affen dieselbe Palme so lange hinauf, bis alle Nüsse gepflückt waren. Zur Belohnung band er dann dem Affen ein silbernes Glöckchen an das Halsband. Zuerst störte es den Affen. Aber als die anderen Affen das Glöckchen stehlen wollten, erkannte er dessen Wert: Das Statussymbol war erfunden!

Als sich die Beschwerden auf dem Markt über die vielen unreifen Kokosnüsse häuften, stellte der Unternehmer Qualitätskontrolleure ein. Doch leider konnten sie die unreifen Nüsse nicht mehr auf die Palme bringen. Das System der Prämie und Statussymbole funktionierte hervorragend. Die Produktionszahlen wuchsen planmäßig. Dies stellten die hauptamtlichen Controller mit Stolz und schönen Grafiken fest.

Der Markt war allerdings mit so vielen Kokosnüssen überfordert. Das Richtfest der Lagerhalle wurde zu einem öffentlichen Fiasko, da kein Mensch mehr Kokosnüsse sehen konnte und die Banken wegen der sinkenden Absatzzahlen nervös wurden. Deshalb entschloss man sich zum Lean-Management. Die Kosten mussten runter – koste es, was es wolle. Zuerst mussten die Affen weg; das Futter war zu teuer. Der Verkaufserlös für die Affen war aber nur gering, weil ihnen ihr Vermögen, reife Kokosnüsse zu erkennen, abdressiert worden war.

Vieles, was wir in Deutschland für normal halten, ist nicht natürlich. Es entspricht zwar der Norm, dass Menschen nach ihrer »Drehzahl« am Band bzw. im Büro bezahlt werden. Entspricht es aber auch ihrer Natur, immer nur dasselbe zu tun, oder ist dies die Dressur zur tödlichen Routine, vor der schon Adam Smith (1723–1790) gewarnt hat: »Die Menschen dürfen nicht durch zu viel Routinetätigkeit dequalifiziert werden.«

Es ist heute normal, viele natürliche Fähigkeiten der Menschen aus der Arbeitswelt auszublenden: Gefühl, Intuition, Eigenverantwortung und gesunden Menschenverstand. Aber ist dies auch natürlich?

Und wenn Sie, lieber Leser, noch nicht sterben wollen, dann lassen Sie sich bitte nicht dressieren.

Das verlorene Paradies

Es waren einmal Adam und Eva. Sie lebten im Paradies. Nach ihrem Sündenfall wurden sie verurteilt und bekamen ihre Strafe: »Im Schweiße eures Angesichts müsst ihr jetzt euer Brot verdienen.«

Die Arbeit war erfunden! Arbeit als Strafe. Sie war schwer und mit viel Mühe verbunden. Wen wundert es, dass bei diesem negativen Bild von Arbeit

- die Gewerkschaften versuchen, die Straf-Zeit, die Arbeits-Zeit, möglichst gering zu halten,
- die Menschen scharf zwischen Arbeits-Zeit und Frei-Zeit (frei von Strafe) trennen,
- die Menschen die Straf-Zeit erdulden, um in der Frei-Zeit zu leben,
- Menschen als krank gelten, die in ihrer Arbeits-Zeit lachen,
- Leistung während der Arbeits-Zeit als Mühsal und in der Frei-Zeit als Spaß verstanden wird.

Glücklicherweise lernen wir jetzt von anderen Religionen, dass Arbeits-Zeit auch Lebens-Zeit ist und dass Arbeit Lebensinhalt und Lebenssinn gibt.

Bei uns bemerken wir dies erst, wenn wir arbeits-los werden, dann aber sehr schmerzhaft.

Das Wort »Glück« kommt von Gelingen. Es macht uns glücklich, wenn uns etwas geglückt ist: ein schönes Abendessen, das wir selbst gekocht haben, ein Schrank, den wir selbst aufgestellt haben, ein Blumenstrauß, den wir selbst gepflückt haben, oder ein Motor, den wir selbst zusammengebaut haben. Sinnvolle Arbeit macht glücklich. Selbstbestimmte Leistung macht Spaß.

Warum dürfen viele Menschen ihre Lust auf Arbeit nicht innerhalb der Unternehmen ausleben? Wirkt Religion noch so stark in unserer Arbeitswelt? Oder soll Arbeit wirklich Strafe sein?!

Und wenn sie nicht die Routine tötet, dann werden sie bald glücklich sein.

Das Kamel und die Ameise

Es war einmal ein Kamel, das weidete in der Steppe und beobachtete im Gras eine winzige Ameise. Die Ameise schleppte ein großes Blatt, zehnmal größer als sie selbst.

Da fragte das Kamel: »Je länger ich dir zuschaue, desto mehr bewundere ich dich. Du schleppst, als wäre es gar nichts, ein Blatt zehnmal größer als du selbst. Und ich mühe mich mit zwei Säcken ab. Wie kommt das bloß?« Die Ameise hielt eine Weile inne und sagte: »Ich arbeite für mich und meinen Stamm. Du aber arbeitest für deinen Herrn!«

Und wenn sie nicht gestorben ist, dann sieht sie noch immer den Sinn in ihrer Arbeit.

Über die Manager

Phantasie ist wichtiger als Wissen. Sie ist unbegrenzt.

Albert Einstein

Nur der ist ein guter Bergführer, von dem die Menschen am Gipfel sagen: »Wozu haben wir ihn eigentlich gebraucht?«

Laotse

Man kann ohne Liebe Holz hacken, Ziegel bauen, Eisen schmieden, aber man kann nicht ohne Liebe mit Menschen umgehen.

Leo Tolstoi

Nichts kann den Menschen mehr stärken als das Vertrauen, das man ihm entgegenbringt.

Adolf von Harnack

Ein erfolgreicher Manager denkt mit dem Kopf seiner Mitarbeiter.

John Kenneth Galbraith

Niemand kann andere Menschen gut führen, wenn er sich nicht ehrlich an deren Erfolgen zu freuen vermag.

Thomas Mann

Intuition ist die Intelligenz der Gefühle.

Chinesische Weisheit

Himmel oder Hölle

Sepp, ein Bayer, ist in seinem Leben immer ein besonders guter Mensch gewesen. Als er stirbt, klopft er bei Petrus an die Himmelspforte. »Hallo Sepp, herzlich willkommen!«, sagt Petrus. »Du warst so ein besonderer Mensch in deinem Leben, dass du selbst wählen darfst, ob du in den Himmel oder in die Hölle willst.« »Dazu muss ich aber erst mal beides sehen. Dann kann ich entscheiden.« »Okay, gehen wir erst mal in die Hölle.«

In einem großen Kellergewölbe sitzen viele Menschen an langen Tafeln, die sich unter der Vielzahl der wunderbaren Speisen biegen. Es ist ganz still. Die Menschen sind blass, ausgemergelt, frustriert und versuchen zu essen. Aber ihre Gabeln sind zu lang, sodass sie mit dem Essen herumfuchteln, aber nichts in ihren Mund bekommen. »Da will ich nicht hin« ist die Reaktion von Sepp.

Sie kommen in den nächsten Raum. »Hier ist der Himmel«, sagt Petrus. Das hört und sieht man auf den ersten Blick. Es ist zwar praktisch das gleiche Kellergewölbe mit dem gleichen guten Essen, den gleichen langen Tischen, an denen die Menschen mit den gleichen langen Gabeln sitzen. Aber hier herrscht eine tolle Stimmung. Die Menschen sind wohlgenährt, lachen und haben ihren Spaß – wenn sie sich gegenseitig das Essen reichen.

Und wenn sie nicht gestorben sind, so lachen sie noch heute.

Der Affen-Träger

Es war einmal ein Chef, der wollte seinen Job ganz richtig tun. Dabei merkte er nicht, wie die Mitarbeiter ihm mit jeder Frage einen Affen auf die Schulter setzten: »Kann ich in sechs Wochen in Urlaub gehen?« »Ich muss morgen schon um fünfzehn Uhr gehen. Geht das?« »Ist das Angebot so okay?« »Darf ich auf den Kurs XYZ? Der Müller war auch schon drin.« »Am nächsten Wochenende ist Bereitschaft. Wer soll das machen?« »Können Sie diesen Brief eben unterschreiben? Da muss ja eine Zweitunterschrift drunter. Es ist sonst keiner da.« Und unser Chef fühlte sich so richtig wichtig. Er sah all die Affen nicht, ging aber schon ganz gebeugt unter der Last des schweren Amtes. Er nannte es »Verantwortung«, die ihn drückt. Aber in Wirklichkeit waren es die Affen auf seiner Schulter.

Der Schreibtisch bog sich und das Telefon lief heiß. Er war so richtig beschäftigt mit vielen Unterschriftsmappen, Überstundenanträgen, Vertretungsregelungen und den vielen Prüfungen. Er musste so viel abzeichnen, mitzeichnen, unterzeichnen, gegenzeichnen, abstimmen, abklären, erklären, verklären und kontrollieren, dass er in seinen zwölf Bürostunden keine Zeit mehr hatte

- zum Nach-Denken oder sogar zum Vor-Denken,
- zum Gestalten,
- zum Ent-Fesseln seiner Leute und
- zum Begeistern für eine tolle gemeinsame Zukunft.

All die Akten verstellten ihm den Blick fürs Ganze und auch den Weitblick.

Das Ergebnis war klar: Die Mitarbeiter lästerten in der Kantine über ihren Chef: »So eine blöde Arbeitseinteilung. Wir waren zu fünft am Samstag hier, obwohl doch schon Ferien sind. Das hätte der doch wissen müssen. Der blickt auch gar nichts mehr!« Der Chef vom Chef schimpfte auch über diesen Chef. Der Output und die Qualität der Abteilung ließen zu wünschen übrig. Kein Wunder bei so viel Verschwendung von menschlicher Energie, Zeit, Geld und Lebensfreude.

Es ist zwar Diebstahl, einem Menschen über achtzehn seine Entscheidungen abzunehmen. Aber ist es nicht auch Faulheit, seine Entscheidungen abzugeben? Ist es nicht auch Feigheit, seine Personalverantwortung abzugeben? Vielleicht ist es eine menschliche Schwäche, einem anderen den Affen auf die Schulter zu setzen: die Verantwortung abzugeben. Auf jeden Fall ist es grober Unfug, diese menschliche Schwäche in den Unternehmen systematisch zu unterstützen, statt die menschliche Stärke, Verantwortung zu übernehmen, noch zu stärken.

Und wenn die Menschen nicht ihren eigenen Affen füttern, dann macht der Chef noch heute den Affen für alle.

Theorie und Praxis

Ein Manager, der gerade von einem Motivationsseminar zurückgekommen war, rief einen Mitarbeiter in sein Büro und sagte: »Von heute an sollen Sie Ihre Arbeit selbst planen und kontrollieren. Ich bin überzeugt, dies wird die Produktion beträchtlich erhöhen.«

»Bekomme ich auch mehr Geld?« »Aber nein. Geld ist keine Motivation, und eine Gehaltserhöhung bringt Ihnen keine Befriedigung.« »Wenn die Produktion nun wirklich steigt, bekomme ich dann mehr Geld?« »Hören Sie«, sagte der Manager, »offensichtlich verstehen Sie die Motivationstheorie nicht. Nehmen Sie dieses Buch mit nach Hause, und lesen Sie es; Sie werden daraus lernen, was Sie wirklich motiviert.« Beim Hinausgehen fragte der Mann: »Wenn ich das Buch gelesen habe, bekomme ich dann mehr Geld?«

Gulliver oder Ollila

Es war einmal ein Riese, der in das Land der Liliputaner kam. Als er sich schlafen legte, kletterten die Liliputaner an ihm herum und begannen, ihn mit vielen dünnen Fäden zu fesseln. In Unternehmen nennt man dies: Richt-Linien erlassen. Als er von dem Gekitzel aufwachte, lächelte er zunächst über die kleinen Geister. Doch dann lachten sich die Klein-Geister ins Fäustchen: Sie hatten den Riesen tatsächlich gefesselt.

Herr Ollila, der legendäre Chef von Nokia, erzählte einmal sein Erfolgsgeheimnis: »Ein Drittel meiner Zeit widme ich mich meinen wichtigsten Kunden, ein Drittel meinen wichtigsten Mitarbeitern, und in dem letzten Drittel setze ich die Konzern-Richtlinien außer Kraft, die uns am meisten behindern. Das ist zwar eine unglaubliche Arbeit; aber sie lohnt sich.«

Denn zum Glück haben wir die Wahl: Gulliver oder Ollila!

Vom Land der Fürstentümer

Es war einmal ein Königreich, in dem der König viel Macht haben wollte. Er regierte nach dem Prinzip »Divide et impera«:

Teile und herrsche. Dieses Verfahren hatte jedoch schon viele Weltreiche zerstört. Durch die internen Machtkämpfe bluteten die Reiche schließlich aus, und wenn innerhalb des Landes jeder jedermanns Feind ist, haben äußere Feinde leichte Beute. Aber manchmal sind die Menschen nicht lernfähig.

Unser König teilte von seinem Land einige Stücke ab und nannte diese »Abteilungen«. (Daher kommt das Wort »Abteilung«, von Ab-Teilen. Gemäß dem ursprünglichen Sinn des Wortes vor über tausend Jahren gibt es in Frankreich noch »départements« und im Deutschen Grundbuch noch den Begriff »Abteilung«. Auch in vielen Staats- und Konzernbürokratien ist das Wort auch heute noch sehr beliebt.) Der König gestand dann einem Vasallen das Recht an diesem Land zu, gegen Ergebenheit und Treue. Dieser Fürst war dann für die Abteilung »zuständig«, samt der darauf befindlichen Leibeigenen, die er natürlich als persönlichen Besitz betrachtete und behandelte. »Mein Bauer arbeitet für mich. Er untersteht mir disziplinarisch (mit der Peitsche).« Diese Aussagen zeigen das Selbstverständnis des Fürsten über seine Leibeigenen, die jetzt ihm gehörten. Seine Untertanen mussten fleißig für ihn arbeiten, damit sie ihn, den König, und den ganzen Hofstaat ernähren und finanzieren konnten.

Die Grafen, Barone und Herzöge buhlten um die Gunst des Königs, damit ihnen ihre Lehen erhalten blieben und sogar wuchsen. Denn die Größe der Abteilung und die Anzahl der Leibeigenen galten damals als Zeichen von Erfolg und Karriere. Bezeichnenderweise kommt der Begriff »Karriere« aus dem Französischen und bedeutet »die schnellste Gangart eines Pferdes«. Kein Wunder, dass dabei viel Staub aufgewirbelt, viel Lärm gemacht und viel niedergetrampelt wird.

Sehr schnell begannen die Fürsten damit, sich abzuteilen und ihre Fürstentümer mit Mauern und Grenzen zu versehen. Es kam zu Intrigen und Vetternwirtschaft am Hofe, zu Kompetenzstreitigkeiten und auch zu Grenzüberschreitungen, die oft in Kriegen zwischen den Fürstentümern endeten. Die Geschichtsbücher und Adelschroniken sind voll davon. Das Ergebnis war immer dasselbe. Die Bauern mussten in den Krieg. Die Felder des Gegners wurden verwüstet. Und zu Hause verwilderten sie, weil sie nicht bestellt werden konnten. Der wirtschaftliche Erfolg von Kleinstaaterei und Dauerkriegen zwischen den Fürstentümern ist noch nie eingetreten. Der Dreißigjährige Krieg zeigt uns dies als Musterbeispiel.

Und trotzdem werden auch heute noch manchmal Unternehmen wie Königreiche geführt, in Abteilungen zerlegt und Leiter zu Lehensherren gemacht. Das Trennende dominiert zu oft das Gemeinsame. Sehr viel Arbeit und Energie werden in die Grenzziehung und Grenzverteidigung investiert. Für das gemeinsame Ziel und den Sinn des Ganzen bleibt dann kein Geld mehr. Abteilungen werden als Lehen zugestanden, deren Chefs dann »zuständig« sind, aber oftmals nicht verantwortlich, dann müssten sie ja sofort antworten.

Früher wie heute gilt es als besonderer Karriereschritt, in den Adelsstand des Managements erhoben zu werden. Endlich Menschen unter sich zu bekommen. Damals hießen sie Untertanen. Heute nennt man sie Untergebene: Sie sind unten und geben.

Und wenn sie nicht gestorben sind, dann geben sie noch heute.

Organisches Wachstum

Es lebte einmal ein Farmer auf seiner Plantage in Afrika. Seine jungen Bananenstauden wuchsen ihm allerdings nicht schnell genug. Jeden Morgen zog er ungeduldig an den Pflanzen. Erst nur ein wenig, dann immer fester. Bis er schließlich viele Blätter abgezupft und die Wurzeln gelockert hatte. Einige Setzlinge waren sogar völlig ausgerissen.

Das afrikanische Sprichwort »Ein Grashalm wächst nicht schneller, wenn du an ihm ziehst« sagt mehr als jede Wachstumsstrategie aus den Lehrbüchern. Die natürliche Kraft zum Wachsen ist in jedem Unternehmen latent vorhanden: in dem fein gesponnenen Netz von Mitarbeitern, Kunden und Geschäftspartnern.

Doch nur wenigen Chefs gelingt es, sie zum Leben zu erwecken. Nur dem, der mit aufrichtigem Interesse an den Menschen zuhört und beobachtet, wird spüren, worauf die Menschen so richtig stolz sind. Was sie ihrer Frau, ihrem Freund und ihren Nachbarn sagen, wenn sie von ihrer Arbeit und ihrer Firma schwärmen. Diese Kräfte braucht man nur zu entfesseln und die gemeinsamen Stärken zu verstärken. Organisches Wachstum ist dann unvermeidbar.

Denn jeder möchte mit seinem Stolz recht haben. Und Recht-haben-wollen ist die stärkste Antriebskraft der Menschen. Man nennt das auch: die selbsterfüllende Prophezeiung.

Das Märchen vom Teddybären

Es war einmal ein Manager, der war seinen beiden Kindern ein toller Vater. Er lernte viel von seiner dreijährigen Tochter und seinem vierjährigen Sohn, insbesondere über Führung. Eines Sonntags hörte er ein lautes Geschrei. Die Tochter stürzte tränenüberströmt aus dem Kinderzimmer: »Jan hat meinen Teddybär!« Mit diesem Bären hatte es seine Bewandtnis. Großmutter hatte das kunstvolle Stofftier beiden Kindern gemeinsam zu Weihnachten geschenkt. Jan schrie noch lauter: »Jetzt ist es mein Teddybär! Meiner!« Der Vater setzte eine ernste Miene auf und traf eine weise Entscheidung. (Schließlich tat er das auch täglich im Beruf.) »Heute Morgen gehört er Jan. Heute Nachmittag darf Eva damit spielen!«

Die erwartete Ruhe trat natürlich nicht ein. Türen knallten. Wieder Geschrei. Diesmal ging es darum, wer beim Essen zuerst den Nachtisch bekommt. Vater schwitzte: »Immer diese Entscheidungen. Keinem kann man etwas recht machen!« Und im Kinderzimmer schimpften Jan und Eva gemeinsam auf ihren Vater: »Der mit seinen blöden Entscheidungen. Der rafft auch nichts.«

Am Montagabend erwartete den müden Vater dasselbe Dilemma: »Das ist mein Teddybär!« »Nein, er gehört mir!« Wieder war eine Management-Entscheidung gefordert. Aber dieses Mal überraschte der Vater seine Kinder: Er nahm das Stofftier und steckte es in die Kühltruhe. »Wenn ihr euch geeinigt habt, bekommt ihr ihn wieder.« Die Kinder waren verblüfft und fassungslos. Schließlich suchten sie sich ein anderes Spielzeug. Am Dienstag reagierte der Vater bei dem üblichen Streit noch einmal unerwartet und traf eine »Teddybär-Entscheidung«. Er warf das Stofftier in die Waschmaschine und drückte den Start-Knopf. Die Kinder starrten vor Entsetzen in das runde Fenster. Weinend bestürmten sie ihren Vater, das Drama zu beenden. »Gerne. Wenn ihr euch geeinigt habt!«

Die Kinder lernten schnell. Der Teddybär, frisch gewaschen, war kein Entscheidungsthema mehr in der Familie. Auch der Vater lernte als Chef dazu. Er ließ sich von den Mitarbeitern nicht mehr in deren internes Gerangel hineinziehen. Er traf jetzt auch in der Firma »Teddybär-Entscheidungen«. So erzog er seine Mitarbeiter zu selbständigen Menschen und hatte mehr Zeit und Autorität zur Führung des Betriebs.

Früher gab es bei den Zünften ein Symbol für »Teddybär-Entscheidungen«. Es war der »Zunft-Becher«. In den alten Zunfthäusern, zum Beispiel in Zürich, kann man noch heute diese großen, prachtvollen Pokale bewundern. Sie kamen vor einigen Hundert Jahren immer dann zum Einsatz, wenn zwei Meister Streit miteinander hatten. Sie trugen dann dem Zunftmeister ihr Problem vor. Dieser nahm den Zunft-Becher, goss drei Liter Wein hinein, überreichte ihn feierlich den Streithähnen und schloss die Tür hinter ihnen zu: »Wenn ihr euch geeinigt habt, klopft bitte an die Tür.«

Was der Chef mit einem Bauern gemeinsam hat

Auf den ersten Blick wahrscheinlich nichts. Aber auf den zweiten und dritten lässt sich Erstaunliches ent-decken und aufdecken, was nur zu-gedeckt war. Man braucht nur auf die Sprache zu achten: Verteidigt nicht der Chef sein Terrain (lat.: »terra«, die Erde)? Besetzt er nicht Felder und achtet darauf, dass ihm keiner ins Gehege kommt? Möchte er nicht in Ruhe sein Feld beackern und die Früchte seiner Arbeit auch selbst ernten? Freut er sich nicht, wenn die zarten Pflänzchen seines Erfolges sichtbar werden? Will er nicht Wildwuchs bei sich vermeiden und Kostenfresser mit Stumpf und Stiel ausrotten? Durchforstet er nicht deshalb seinen Beritt, um Auswüchse zu stoppen, selbst wenn er dabei Rechte anderer beschneiden muss? Hegt und pflegt er nicht seinen Kunden-Stamm und versucht dabei Holzwege* zu vermeiden?

Als »Ökonom« wurde im 17. Jahrhundert ein Landwirt bzw. ein Verwalter landwirtschaftlicher Güter bezeichnet. »Ökonom« stammt ab von dem griechischen Wort »oikonom« (Hausverwalter, Bauer). Die Wurzeln sind »oikos« (das Haus) und »nemo« (teile zu). Wir waren also nicht auf dem Holzweg, als wir da eine Verbindung vermuteten.

Anmerkung:
*Bei der Forstwirtschaft wurden im Spätherbst schmale Holzwege in den Wald geschlagen, um die gefällten Bäume mit den Pferden transportieren zu können. Wer einen dieser Wege im Sommer benutzen wollte, kam nicht weit, weil alles wieder zugewuchert war. Er war eben auf einem Holzweg.

Die magische »7«

Es tagten einmal die Personalchefs führender deutscher Unternehmen in Köln. Der Märchenerzähler beschrieb den Unterschied zwischen dem Manager als »Dompteur« oder als »Animateur«. Er zeichnete das Bild einer Führungskraft,

- die den Wert der Menschen und damit des Unternehmens steigert,
- die den Sinn des Ganzen und den Beitrag des Einzelnen deutlich macht,
- die den Menschen Orientierung gibt und Mut macht, etwas zu unternehmen.

Schließlich ist eine Führungskraft ein Unternehmer in einem Unternehmen und kein Konzern-Beamter in einem Kontroll-Apparat.

Die Personalchefs lauschten gelassen, wurden aber plötzlich lautstark und aggressiv, als die Behauptung im Raum stand: »Eine gute Führungsspanne liegt bei 15–20 Mitarbeitern oder sogar bei 25. Dann kann eine Führungskraft nicht mehr kontrollieren, kommandieren, korrigieren. Sie muss jetzt kommunizieren, kommunizieren und kommunizieren. Die Mitarbeiter dürfen und müssen jetzt selbst denken, selbst entscheiden, selbst verantworten und sich selbst entwickeln.« Im Sturm der Entrüstung taucht immer wieder die heilige Zahl »7« auf – eine Grundweisheit der alten Managementlehre.

Da meldete sich der Leiter einer Blindenschule zu Wort: »Die Zahlen 25 und 7 spielen bei uns auch eine wichtige Rolle. Wenn ein Lehrer mit seinen blinden Schülern in eine fremde Stadt fährt, darf er nur maximal 7 Schüler mitnehmen. Zu Hause in unserem Heim beaufsichtigt ein Lehrer allerdings 25 Schüler. Alles andere wäre Verschwendung von Geld, Selbstverantwortungspotenzial und Lebensfreude der Schüler.«

Auf die Frage des Märchenerzählers an die Personalchefs »Wie blind sind eigentlich Ihre Mitarbeiter und wie abenteuerlich ist das Arbeitsumfeld in Ihrem Unternehmen?!« kam nur betretenes Schweigen. Das gigantische Ausmaß der Verschwendung in den Unternehmen wurde schmerzhaft sichtbar und legte sich bedrückend auf die Personalchefs.

Doch dann kam plötzlich Blitzen in einige Augen – nicht bei allen, aber doch bei vielen. Sie malten sich aus, wie viel ungehobenes Potenzial in ihren Mitarbeitern und ihren Unternehmen noch brachliegt. Die Kraft der magischen Zahl »7« war gebrochen. Das machte richtig Mut, mit dem Unsinn der Managementlehre aufzuräumen.

Und wenn diese Chefs nicht gestorben sind, dann zählen sie jetzt bis 25, bevor sie einen Menschen in die Unproduktivität befördern und den besten Fachmann zum Chef machen.

Das Märchen von der Erziehung

Es war einmal ein Gärtner. Eines Tages sagte er zu seiner Frau: »Komm, wir wollen einen Baum pflanzen.« Es dauerte nicht lange, da kam das erste Grün zart aus der Erde. Der Baum, der eigentlich noch kein richtiger Baum war, erblickte zum ersten Mal die Sonne. Er fühlte die Wärme ihrer Strahlen auf seinen Blättchen und streckte sich ihnen hoch entgegen. Er begrüßte sie auf seine Weise, ließ sich glücklich bescheinen und fand es wunderschön, auf der Welt zu sein und zu wachsen. Der Baum begann, größer und höher zu wachsen. Er reckte sich immer weiter der Sonne entgegen. Er fühlte den Wind und spürte den Regen, genoss die warme und feste Erde um seine Wurzeln und war richtig glücklich. Jedes Mal, wenn der Gärtner und seine Frau nach ihm sahen, ihn tränkten und ihn einen schönen Baum nannten, fühlte er sich wohl. Denn da war jemand, der ihn mochte, ihn hegte und pflegte.

Eines Tages merkte der Baum, dass es besonders schön war, nach links zu wachsen, denn von dort schien die Sonne mehr auf seine Blätter. Also wuchs er jetzt ein wenig nach links. »Schau«, sagte der Gärtner zu seiner Frau, »unser Baum wächst schief. Seit wann dürfen Bäume denn schief wachsen und noch dazu in unserem Garten? Ausgerechnet unser Baum! Gott hat die Bäume nicht erschaffen, damit sie schief wachsen.« Er holte eine Schere und schnitt den Baum gerade. Der Baum weinte. Die Menschen, die ihn bisher so gern gepflegt hatten, denen er vertraute, schnitten ihm einfach die Äste ab, die der Sonne am nächsten waren. Er konnte nicht sprechen und deshalb nicht fragen. Er konnte nicht begreifen. Aber sie sagten, dass sie es gut mit ihm meinten. Und sie sagten, dass ein richtiger Baum gerade wachsen müsse. Also musste es wohl stimmen. Er wuchs nicht mehr der Sonne entgegen. »Ist er nicht brav, unser Baum?«, fragte der Gärtner seine Frau.

Der Baum begann zu verstehen. Wenn er machte, was ihm Spaß und Freude bereitete, dann war er anscheinend ein böser Baum. Er war nur lieb und brav, wenn er das tat, was der Gärtner und seine Frau von ihm erwarteten. Also wuchs er jetzt strebsam in die Höhe und gab darauf Acht, nicht mehr schief zu wachsen. »Sieh dir das an«, sagte der Gärtner eines Tages zu seiner Frau, »unser Baum wächst unverschämt schnell in die Höhe. Gehört sich das für einen rechten Baum?« »Aber nein, das gehört sich natürlich nicht. Und auch unser Nachbar meint, dass Bäume bescheiden sein müssen. Ihrer wachse auch schön langsam.« Der Gärtner lobte seine Frau: »Du verstehst wirklich etwas von Bäumen«, und dann stutzte er die

Äste mit der Schere. Sehr lange weinte der Baum in dieser Nacht. Warum schnitt man ihm einfach die Äste ab, die dem Gärtner und seiner Frau nicht gefielen? Und warum war alles falsch, was Spaß machte? Der Baum wurde trotzig. Nun gut, wenn nicht in die Höhe, dann eben in die Breite. Sie würden ja schon sehen, wohin sie damit kommen. Schließlich wollte er ja nur wachsen, Sonne, Wind und Erde fühlen, Freude haben und Freude bereiten. In seinem Inneren spürte er ganz genau, dass es richtig war zu wachsen. Also wuchs er jetzt in die Breite. »Das ist doch nicht zu fassen.« Der Gärtner holte empört die Schere. »Stell dir vor, unser Baum wächst einfach in die Breite. Das könnte ihm so passen. Das scheint ihm ja geradezu Spaß zu machen. So etwas können wir auf keinen Fall dulden!« Und wieder nahm er die Schere in die Hand.

Der Baum konnte nicht mehr weinen. Ihm machte das Leben keine rechte Freude mehr und er hörte auf zu wachsen. Immerhin, er schien nun dem Gärtner und seiner Frau zu gefallen.

Und wenn sie nicht gewachsen sind, dann werden sie auch nicht geschnitten.

Von Hunden und Katzen

Bei uns Deutschen sind Hunde als Haustiere viel beliebter als Katzen. Auf vier Hunde-Besitzer kommt nur ein Katzen-Liebhaber. Warum eigentlich? Katzen sind doch viel bequemer und unkomplizierter. Die muss man nicht zweimal am Tag Gassi führen, die kann man auch mal alleine zu Hause lassen. Die sorgen schon für sich selbst.

Die Gründe liegen tiefer. Wir Deutschen sind berühmt für

unsere »Obrigkeits-Hörigkeit« und unseren »vorauseilenden Gehorsam«. Dazu passen Hunde perfekt. Die kann man dressieren, dass sie Männchen machen. Die werden nicht müde, Stöckchen zu holen. Die kuschen, wenn man sie anbrüllt, ziehen den Schwanz ein und gehen in ihre Ecke. Sie schauen so treu zu Herrchen auf. Da macht es richtig Spaß, einen Hund zu besitzen und an der Leine zu halten – als Hunde-Halter und Hunde-Besitzer.

Bei Katzen ist das anders. Die lassen sich nicht dressieren und machen kein Männchen. Wenn man sie anbrüllt, fauchen sie zurück. Sie tragen kein Halsband. Die kann man nicht besitzen, die kann man nur lieb haben. Deshalb gibt es auch keine Katzen-Besitzer oder Katzen-Halter, sondern nur Katzen-Liebhaber. Und diese schätzen das Selbst-Bewusstsein und die einzigartige Persönlichkeit ihrer Tiere sehr.

Was können wir daraus für unsere Arbeitswelt lernen? Viele Manager könnten sehr gute Hunde-Besitzer sein. Sie werfen gerne Stöckchen und nennen das »Führen durch Ziele«. Sie loben, wenn der Mitarbeiter mit dem Stöckchen im Mund brav Männchen macht. Das nächste Mal fliegt das Stöckchen dann noch weiter.

Manchmal hört man sie auch sagen: »Mein Mitarbeiter untersteht mir disziplinarisch.« Die deutsche Sprache ist sehr deutlich. »Mein« ist ein besitzanzeigendes Fürwort. Er ist unten und steht stramm – vor mir, mit der Peitsche. Solche Untergebenen (sie sind unten und geben) kommen abends nach Hause und freuen sich auf ihren Hund. Der unter-steht jetzt ihnen. Endlich sind sie Chef. Tagsüber mussten sie Männchen machen. Abends trainieren sie das mit ihrem Hund. Der Teufelskreis hat sich geschlossen.

Vielleicht durchbrechen ihn die Katzen-Liebhaber und die Hunde-Liebhaber, die es natürlich auch gibt. Leo Tolstoi sagte: »Man kann ohne Liebe Steine behauen oder Holz hacken. Man kann aber nicht ohne Liebe mit Menschen umgehen.«

Die Fusion: Lust oder Frust

Im Park herrschte die friedliche Stille eines sonnigen Sonntags. Plötzlich wurden die Spaziergänger von einem fürchterlichen Jaulen aufgeschreckt. In einer Staubwolke rannten zwei Katzen im Kreis hintereinander her. Jede biss immer wieder in den Schwanz der anderen hinein. Das Blut floss und das Geschrei der Katzen war unerträglich. Als die Kräfte der Tiere nachließen, kam das ganze Ausmaß der Zerstörung ans Tageslicht. Es war ein wirklicher Katzenjammer.

Zwei Männer begannen plötzlich interessiert zu diskutieren: »Das ist ja genau wie bei der Fusion unserer Firma! Dort nennt man das aber ›die Suche nach den Synergien‹. Jeder Partner versucht möglichst viel beim anderen abzuschneiden. Kosten müssen runter, koste es, was es wolle. Überall fließt Blut. Das Geschrei ist groß und die Schmerzen lähmen beide Partner. Alle Kräfte werden nach innen gerichtet. Der Kunde stört nur, und die Konkurrenz freut sich.«

Vertieft in diese negativen Gedanken bemerkten die Spaziergänger erst sehr spät eine andere Szene. Aus einem Busch kamen zwei Katzen. Sie hatten auch fusioniert. Das Ergebnis war nicht zu übersehen und hatte Hand und Fuß. Sechs kleine Jungen tapsten hinter ihren Eltern her. Da lachten die beiden: »Eine Fusion kann auch funktionieren.« »Vorausgesetzt, jeder

der Partner hat etwas, was der andere nicht hat.« »Und beide zusammen schaffen etwas, was vorher keiner alleine konnte.« »Dann geht es aber ums zusammen Wachsen und nicht um das Zusammenwachsen.« »Dann ist aber auch Liebe im Spiel und Lust, statt Kampf und Frust.«

Am nächsten Morgen erzählten sie ihre Erlebnisse im Fusions-Projektteam. Die Stimmung hellte sich sichtlich auf. Denn Humor ist, wenn man trotzdem lacht.

Des Kaisers neue Kleider

Es war einmal ein Kaiser, der regierte über ein großes Land, hatte einen großen Hofstaat und fühlte sich glücklich, wenn sein Volk sich vor ihm verneigte. Er genoss es richtig, Kaiser zu sein. Besonders liebte er es, modische Kleider zu tragen, die dann auch die Mode im ganzen Land bestimmten. Eines Tages erhielt er Kunde von einem ganz berühmten Schneider. Er sei der Modekönig schlechthin. Was er kreiere, setze den modischen Standard an allen Königs- und Kaiserhöfen der Welt. Diesmal wollte unser Kaiser aber in der Mode ganz vorne sein. Er schickte Boten aus, den Schneider zu seinem Hofe zu bringen, koste es, was es wolle. Nach Wochen des bangen Wartens tönte die Posaune. Das Schloss war geschmückt. Der Modezar McKimberley hielt Einzug am Hofe unseres Kaisers samt seinem Gefolge. Das Volk stand ehrfurchtsvoll Spalier. Angst hatten sie alle. Denn die katastrophale Auswirkung des letzten Schneiders steckte ihnen noch in den Knochen.

Der hatte damals die ganz schlanke Mode eingeführt, weniger für den König als für das Volk. Damit die äußerst eng taillierten Kleider und Hosen passten, wurde vom Kaiser ein Dekret erlassen, dass jeder Mann und jede Frau im Lande »lean« zu sein hatte. (So hieß die neue Mode und bedeutete so viel wie »mager«.) Jeder sollte weniger essen und mehr arbeiten. Damit sich auch jeder daran hielt, erhöhte der Kaiser drastisch die Steuern. So konnten sich die Leute weniger leisten und der Kaiser seinen Hofstaat vergrößern, mehr Erbsenzähler und Lean-Kontrolleure einstellen und natürlich auch die teuren Schneider bezahlen. Von denen war allerdings nur einer wirklich erfahren, die anderen waren Gehilfen und Handlanger. Aber wer einen Modeschneider haben will, muss den Namen mitbezahlen und sich seinen Spielregeln unterwerfen. Eine kurze Zeit lang klappte die Abmagerungskur perfekt. Zwar starben viele, aber diese brauchten auch kein Essen mehr. Und so konnte der Kaiser mehr Geld bekommen. Die Rechnung des Modeschöpfers ging auf und der Kaiser strahlte und prahlte.

Aber langsam ging die Angst um im Kaiserreich. Die Todesfälle waren in aller Munde. So stark eingeschnürt hatten die Menschen auch keine Bewegungsfreiheit bei ihrer Arbeit und keine Freude mehr. Die Qualität sank, die Ernteerträge gingen stark zurück. Aus der Lean-Mode wurde eine Hungersnot. Kaiser und Hofstaat ignorierten diese geflissentlich, denn welcher Kaiser, welcher Hof-Meier und welcher Modezar machen schon Fehler.

Bei einer routinemäßigen Regentenkonferenz sämtlicher Kaiser und Könige der Region Euratia überboten sich alle Landesfürsten mit ihren Erfolgsmeldungen, die sie der neuen Mode zu verdanken hatten. Die Schatztruhen und Kriegskassen waren prall gefüllt und zu essen gab es am Hofe auch genug. Der Lean-Mode wurde von den Mitgliedern des Hofstaats dadurch Genüge getan, dass die Herren aufgeplusterte Hosen und die Hofdamen Kleider mit stark ausgepolsterten Röcken trugen. So erschienen selbst die feistesten Taillen doch noch recht schlank.

Abends an der Bar, so unter vier Augen, kamen allerdings die ersten Zweifel. »Unsere Menschen sind ja nicht nur als Bauern mager, gelähmt, krank und tot. Sie sind es ja auch als unsere Soldaten!« Diese Erkenntnis ging wie ein Lauffeuer durch die Gesprächszirkel. Das Raunen wurde immer stärker, und plötzlich brach eine laute Welle der Entrüstung los. »Was hat der Schneider bloß mit unseren Menschen gemacht!« »Und dafür so viel Geld!« »Er ruiniert ja unser Kaiserreich – mit dieser blöden Mode!« In diese laute Diskussion brachte ein Bote eine Schreckensmeldung. Einer der Könige rief laut in die Menge: »Mein Land wird angegriffen!« Lähmende Stille. Dann kam die zweite Meldung und kurz darauf die dritte. Zwei weitere Königreiche waren angegriffen worden. Die Schreckensmeldungen überschlugen sich.

Die Menschen in den Ländern von Euratia waren zu schwach geworden, sich zu wehren. Ein Krisenstab unter der Leitung unseres Kaisers trat schnell zusammen. Nach kurzer Zeit verkündete der Kaiser vor großer Runde: »Es ist unglaublich. Aber es ist wohl alles ein abgekartetes Spiel. Die Truppen aus Amratio, der Region, aus der unser Modeschneider kommt, haben drei unserer Königreiche überfallen und stehen kurz vor den Angriffen auf weitere. Mit der blöden Lean-Mode wollten sie uns alle lähmen, damit sie dann leichteres Spiel haben. Wir haben zwar noch keine Beweise für diese Theorie. Ich jedenfalls schmeiße meinen Schneider raus und befreie mein Volk von den Fesseln der Magersucht. Wehrt euch! Haltet zusammen und stärkt euer wichtigstes Vermögen: die Menschen in euren Ländern!« Mit tosendem Beifall wurde die Konferenz damals geschlossen, und der Hofstaat begann als erster, bequemere Kleidung zu tragen. (In den Geschichtsbüchern ist diese Modeveränderung nachzulesen.)

Die schlechten Erfahrungen von damals erklären die Angst des Volkes, als der neue Modeschneider mit Gefolge Einzug hielt am Hofe des Kaisers. Dieser kreierte keine Lean-Mode. Er hielt es mit der »Light-Mode«. Leicht mussten die neuen Kleider sein, kaum spürbar. Der Kaiser wartete gespannt auf die erste Anprobe. In langen weißen Unterhosen stellte er sich dem Modezar. Dieser pries das neue Gewand in den schillerndsten Farben. Er verwies auf die aufwändige Handarbeit und die kunstvollen Stickmuster. »Meine Gehilfen und ich haben daran nächtelang und übers Wochenende gearbeitet. Das erklärt den etwas stolzen Preis. Aber ich selbst habe es entworfen – nur für Euch, Eure Majestät.« Er verbeugte sich und wartete gespannt auf den Kommentar des Kaisers. Der war etwas irritiert, denn eigentlich sah er nichts von den tollen Farben und der feinen Arbeit – genauer gesagt, er sah gar nichts. Aber das musste wohl an seinen alten Augen liegen. Er fühlte auch nichts. Aber das lag wohl an der neuen Mode. »Light« hieß es ja. Also stimmte er in die Lobpreisungen des Modeschöpfers ein und plapperte alles brav nach. Die neuen Kleider mussten dringend in zwei Tagen fertig sein, zum großen Ball. Der Schneider zierte sich anfänglich. Aber wenn er sein Team aufstocken und Leistungsprämien zahlen würde, könnten sie es schaffen. Der Kaiser willigte in alle Forderungen ein und bewegte sich ganz vorsichtig beim Ausziehen.

Der große Tag war gekommen. Endlich zeigte sich der große Herrscher in des Kaisers neuen Kleidern. Er stolzierte durch das Spalier seiner Höflinge und Hofdamen, die sich ehrfurchtsvoll, aber etwas verwirrt vor ihm verneigten. Die zum Zerreißen gespannte Stille wurde endlich vom Hofmarschall gebrochen, der den Preis der neuen Kleider kannte und ausrief: »Euer Gnaden sehen wirklich kaiserlich aus.« Alle lobten voll Bewunderung den Stoff, den Schnitt, die Farben und das Design des großen Meisters. Vor dem Schloss wartete gespannt das Volk auf die neue Mode, die ihm jetzt bevorstand. Endlich erschien der Kaiser. Totenstille. »Aber immer noch besser als diese Lean-Mode«, dachte sich jeder. Und aus dem ersten zaghaften Klatschen wurde ein tosender Beifall. Dem Volk fiel ein Stein vom Herzen. Dieser Modeschneider schien ja nur Geld zu kosten, sonst aber keinen tief greifenden Schaden anzurichten. Keiner gab einen Kommentar. Als das Klatschen abebbte, hörte man die Stimme eines kleinen Mädchens: »Mama, schau mal. Der Kaiser hat ja nur lange Unterhosen an.«

Und wenn er nicht gestorben ist, bezahlt er diesen Schneider heute noch.

Die Kraft der Krise

Es war einmal ein starker Fluss, der in einem afrikanischen Bergmassiv seine Quellen hatte. Beseelt von der Idee, sich mit dem endlosen Meer zu vereinen, übersprang er Steine und Felsen, bildete rauschende Wasserfälle und zersägte ganze Bergmassive. Mit seiner riesigen Energie gestaltete er Länder und Landschaften. Er schuf sich ein breites Bett, das von Wiesen, Wäldern und Städten gesäumt wurde.

Bis er an eine endlose Wüste kam, die seine Fluten stoppte. Jeder Tropfen versickerte im Sand. Die Kraft des Flusses war gebrochen. Aber sein Traum vom Meer ließ ihm keine Ruhe. Er bat den Regen, ihm zu helfen: »Schicke bitte tagelange Wolkenbrüche, um meine Kraft zu stärken.« Aber alles war vergebens. Selbst die größten Flutwellen verliefen im Sande.

Doch der Fluss ließ sich nicht entmutigen und fragte den Wind, ob er den Sand nicht wegfegen könne. Wieder vergebens. Die Dünen wanderten nur ein bisschen zur Seite. Und der Wind beschleunigte noch die Verdunstung der Wassermassen. Er verwandelte den Fluss in riesige, federleichte Wolkengebirge und trieb sie vor sich her.

Der Fluss spürte, wie seine Kraft schwand, und wollte den Wind stoppen. Aber plötzlich empfand er ein ungewohntes Gefühl: Er schwebte. Er wurde getragen. Er fühlte sich leicht und überglücklich. Druck und Last waren von ihm gefallen. Er genoss den Flug und die Leichtigkeit des Seins. Und er träumte wieder vom Meer.

Hinter der Wüste setzte der Wind ihn am Gipfel eines Berges ab. Die Wolken verwandelten sich in Regen, und der Fluss sprang den Berg hinunter – in das weite endlose Meer.

Und weil das Leben leben will,
sucht es die Chance in der Krise,
erkennt die Macht des eignen Traums
und nutzt die Kraft der Leichtigkeit.

Über die Computer

Perfektion der Mittel und Konfusion der Ziele, das kennzeichnet unsere Zeit.
Albert Einstein

Es gibt einen Weltmarkt von etwa fünf Computern.
Thomas Watson, Chef von IBM, 1943

No Sir. Die Amerikaner brauchen vielleicht das Telefon, wir aber nicht. Wir haben doch genügend Messenger Boys.
Sir William Preece, Chefingenieur der britischen Post, 1896 zu Graham Bell, als dieser ihm die praktische Verwendbarkeit des Telefons demonstriert hatte

Die Internet-Technologie schafft heute den Unternehmen weit bessere Möglichkeiten, sich strategisch zu positionieren, als alle bisherigen Generationen von Informations-Technologien.
Michael E. Porter, 2002

Innerhalb weniger Jahre hat eine neue Kommunikationstechnik Räume und Entfernungen zunichte gemacht und den Globus so klein wie nie zuvor. Ein weltweites Kommunikationsnetz überspannt Kontinente und Ozeane. Geschäftspraktiken werden revolutioniert.
Ein technophiler Zeitgenosse im Jahre 1840, der über den Telegrafen sprach

Das Märchen vom Mail-Müll

Willkommen im Netz!

Vor nicht allzu langer Zeit lebte ein Zeitgenosse im Netz. Der Alltag dieses Menschen sah immer gleich aus. Auf dem Weg zum Büro schon die Mailbox vom Handy abfragen und die anderen Mailboxen besprechen bzw. Notizen machen. Im Büro angekommen, Voicemail abhören. Ich habe nicht alles verstanden, also noch mal von vorne. Auf die Mailbox des Senders sprechen. Nächste Message, wieder antworten usw.

Jetzt der PC. Einschalten, Fenster öffnen, E-Mails lesen: Papierkorb, klick, lesen, Antwort schreiben, lesen, Kurzantwort (»damit sich keiner beschweren kann, ich hätte seine Mail nicht gelesen«), lesen (»schon wieder der Müller mit seinem Riesenverteiler; der will sich doch nur wichtig machen«), lesen (»so eine Unverschämtheit, früher hätte ich ihn kurz angerufen. Heute habe ich dafür keine Zeit mehr – bei so vielen Mails«), lesen usw. usw. Man kommt sich richtig wichtig vor, wenn man so viele Mails bekommt und in so viele Mails kopiert wird. Man ist im Netz – gefesselt!

Die virtuelle Kaffeeküche

Jetzt kommt die Post dran. Erst die Faxe, die sind besonders dringend. Lesen, Antwort ins Mail stellen. Lesen, Papierkorb, lesen (»Das kenne ich doch schon vom Mail – doppelt genäht hält wohl besser!«). Jetzt nur noch die Briefe: endlich geschafft. Ich bin wieder informiert über das, was der Schmidt dem Meier gemailt hat, und seine Antwort an den Schmidt. Der hat doch glatt an den Vorstand kopiert und dann so ein Ton. Zwischen den beiden Abteilungen scheint wohl Krieg zu herrschen. Die virtuelle Kaffeeküche ist wirklich wahnsinnig interessant, auch was zwischen den Zeilen so steht. Ich muss doch gleich mal dem Erhardt mailen, was der wohl dazu sagt.

In diesem Moment steht Erhardt gerade in der Tür. »Kommst du mit in die Kantine – Mittagessen?« Oh, so schnell war der Vormittag rum. Aber ich bin wieder in – im Netz. Meine Mails schreibe ich dann am Nachmittag. Schließlich habe ich auch was zu sagen – pardon – zu mailen.

Zuerst eine Beschwerde an die Versandabteilung. Die hat schon wieder dem Kunden nicht pünktlich geliefert. Wen könnte das wohl interessieren? Meinen Chef? Der will es bestimmt wissen. Der Versandchef? Der muss es unbedingt wissen, um endlich mal für Ordnung zu sorgen. Und die Geschäftsleitung? Die sollte es eigentlich auch wissen. Ist ja so einfach. »Nehme ich den kleinen Verteiler – nein, besser den großen. Klick, klick ... Jetzt habe ich aber mal wieder richtig informiert!«

Die »Mail-Geschosse«

Und der Mail-Müll wächst und wächst. Früher hat man noch miteinander gesprochen. Da gab es noch das direkte Feedback, das klärende Gespräch. Heute wird oft der Gedankenaustausch ersetzt durch Mail-Geschosse. Diese lösen wieder Reaktionen aus und Gegenreaktionen – eine katastrophale

Kettenreaktion. Ich als Mail-Absender bin meine Message erst mal los – und damit auch mein Problem! Mit einem Klick. Jetzt ist der andere dran. Und ich handle in der Zwischenzeit schon mal so, als sei er informiert. Wenn nicht, ist es ja sein Problem!

Communicare (lat.) heißt »sich besprechen mit«

Wenn jemand jedoch entdeckt, dass eine abgesandte Nachricht nicht schon heißt: gelesen, verstanden, akzeptiert und umgesetzt, dann wird auch er mal zum Telefonhörer greifen und das direkte Feedback hören. Vielleicht verabredet er sich sogar zu einem kurzen Gespräch im Büro oder auch in der Kantine, um ein Problem abschließend zu klären – fachlich und emotional. Schließlich sagen die Augen und die Körperhaltung mehr als hundert Worte und zehntausend Bits. Glücklicherweise ist Kommunikation ein Grundbedürfnis aller Menschen, und die neuen Techniken werden ihren sinnvollen Platz in der Community finden. Sie werden Menschen in Verbindung halten, auch wenn sich diese mal leider nicht persönlich treffen können. Die Menschen werden die Technik nutzen, wie es den Menschen passt, nicht wie es der Technik passt. Auf Dauer lassen sich Menschen nicht durch das Netz fesseln – auch wenn es mich persönlich ganz schön fesseln kann. Mit der Faszination des Neuen.

Die Drogen-Szene: Flughafen Frankfurt. Durch die langen Gänge hasten Gestalten, völlig geistesabwesend. Sie führen Selbstgespräche. Wie durch ein Wunder gibt es keine Zusammenstöße. Die Massen fließen aneinander vorbei wie in Drogen-Trance, wie ferngesteuerte Roboter. Es muss eine höhere Macht sein, die sie so steuert, dass nichts passiert. Deshalb hat wohl jeder einen Knopf im Ohr, von dem ein Kabel herunterhängt. Das scheint die Fernsteuerung zu sein, der Drogen-Kanal vom Handy ins Hirn.

Dann geht's zum Flieger. Erst noch in den Bus. Dort erlebt man eine gespenstische Szene. Die Drogen-Abhängigen reden alle durcheinander. Keiner hört dem anderen zu. Die Themen sind manchmal richtig spannend: geplante Firmenübernahmen, geplatzte Deals, den Kunden erledigen, den Kollegen einfangen und die Konkurrenz ausstechen. Es hört sich an wie bei der Drogen-Mafia.

Im Flugzeug folgt dann der brutale Drogen-Entzug. »Alle Handys ausschalten«, tönt es aus dem Lautsprecher. Die Wirkung ist bei allen ähnlich: geistesabwesend und völlig lethargisch sitzen sie da. Das ändert sich erst wieder, wenn das Flugzeug gelandet ist. Schon auf dem Weg zum Bus reißen sie hektisch ihre Handys raus und stecken den Drogen-Kanal ins Ohr. Überall schöne Musik, leider mit vielen Dissonanzen. Jedes Handy klingelt in einem anderen Ton. Die Drogen-Szene ist noch nicht gut aufeinander abgestimmt. Die Geschichten, die besprochen werden, sind wieder sehr spannend. Einige tarnen ihre Geheimbotschaften sogar als belangloses Geschwätz mit Codenamen: »Schnucki, ich bin jetzt hier. Bist du da?«

Das Handy als Droge. Jeder will (mindestens) eins. Die Unternehmen verteilen sie als Status-Symbole. Wer eines kriegt, ist richtig wichtig. Bis er merkt, was dahinter steckt: die vollständige Erreichbarkeit. Der Handy-Halter hat jetzt für alle immer da zu sein. Und wehe nicht. Dann schimpft der Chef: »Ich habe versucht, Sie zu erreichen. Aber Sie hatten wohl Ihr Handy abgestellt?!« Und der Kunde beschwert sich: »Ich habe Ihnen was auf die Mailbox gesprochen, und Sie reagieren erst jetzt – nach einer Stunde.«

Verfügbarkeit total. Verfügbarkeits-Terror brutal. Das ist das Fatale an der Handy-Droge. Aber sie erzeugt auch Glücksgefühle, wenn es wieder klingelt: »Hurra, ich bin gefragt! Ich werde gebraucht! Mein Chef nimmt mich wahr! Mein Kunde will mich! Endlich denkt wieder einer an mich! Welch ein Glück!«

Und wenn er seines Glückes überdrüssig ist, dann geht er auf Entzug – und schaltet einfach ab.

»E-Generation«: Die mit dem Handy kraulen

Eine alltägliche Situation. Drei Teenies sitzen an einem sonnigen Tag in einem Straßencafé. Alle drei haben ihr Handy am Ohr. Alle drei lachen und kommunizieren – nur nicht miteinander. Sie sitzen am selben Tisch, sehen sich aber nicht an. Jeder ist in sein Gespräch vertieft.

Die E-Gesellschaft ersetzt Anwesenheit immer mehr durch kommunikative Erreichbarkeit. Man steht in Verbindung, aber etwas unverbindlich. Gespräche ohne körperliche Nähe sind unkomplizierter, unverkrampfter und leichter – vielleicht auch etwas seichter. Ich kann mit vielen Menschen gleichzeitig in Verbindung sein. Jedes Handy-Klingeln, jede SMS und jede E-Mail zeigen mir: Die anderen denken an mich. Sie kommunizieren mit mir. Ich bin Teil eines Netzes, einer Community, einer Gemeinschaft.

Der Verhaltensforscher Robin Dunbar hat nach intensiven Beobachtungen unserer tierischen Verwandten, den Affen, die These aufgestellt, dass Klatsch, Tratsch und Geschwätz wichtige soziale »Schmiermittel« unserer menschlichen Gesellschaft sind. Sie erfüllen bei uns Menschen die gleiche Funktion wie das »Grooming« bei den Affen, das gegenseitige Sich-Kraulen und Sich-Pflegen. Es schafft Gemeinschaftsgefühl und bindet Gruppen zusammen.

Früher gab es den Klatsch unter der Dorflinde, den Tratsch in der Kneipe für die Männer und am Waschplatz des Dorfes für die Frauen. Heute erleben wir das Geschwätz im Fernsehen als Talkshow, Daily Soap oder Big Brother. Im E-Zeitalter kommen noch Internet und Handy dazu. All diese Kommunikation dient nicht etwa der Übermittlung von Informationen. Sie ist kein Mittel zum Zweck. Sie ist der Zweck – das verbale Kraulen, das Kraulen mit dem Handy.

Eine Fabel aus dem E-Zeitalter

Ein Schäfer hütete seine Schafherde am Rande einer Straße. Plötzlich brauste ein nagelneuer Sportwagen heran und hielt mit quietschenden Reifen. Ein junger Mann mit Boss-Anzug, Cerrutti-Schuhen und einer Jil-Sander-Krawatte stieg aus und fragte den Schäfer: »Wenn ich herausfinde, wie viele Schafe

Sie haben, bekomme ich dann eines?« Der Schäfer sah den Mann ruhig an, dann auf seine grasende Schafherde: »In Ordnung. Wenn Sie das können, dann bekommen Sie ein Schaf.«

Der junge Mann verkabelte sein Notebook mit dem Handy, surfte im Internet das GPS an, scannte die Umgebung, öffnete eine Datenbank mit 60 Excel-Sheets und druckte mit seinem High-Tech-Mini-Printer eine 150-seitige Auswertung. Dann wandte er sich an den Schäfer: »Sie haben genau 1.586 Schafe.« Der Schäfer antwortete: »Das ist richtig. Holen Sie sich jetzt ein Schaf.« Der junge Mann nahm das Schaf und setzte es in seinen Wagen. Der Schäfer schaute ihm zu und fragte: »Wenn ich Ihren Beruf errate, bekomme ich dann mein Tier zurück?« Der junge Mann ganz spontan: »Na klar.« Der Schäfer sah dem Mann tief in die Augen: »Sie sind ein Unternehmensberater.«

Der junge Mann war sichtlich verblüfft. »Das ist richtig! Woher wissen Sie das?« »Sehr einfach: Erstens sind Sie hier erschienen, ohne dass ich Sie gerufen habe. Zweitens erzählen Sie mir Dinge, die ich sowieso schon wusste. Drittens wollen Sie dafür noch ein Honorar haben. Und viertens haben Sie keine Ahnung von meinem Geschäft: Sie haben meinen Hund eingepackt.«

Der elektronische Steuerbeamte

Ein regnerischer Sonntagnachmittag. Ich sitze vor meinem Computer und mache meine Steuererklärung – jetzt per Internet. Nach der Startseite erscheint auf dem Bildschirm ein seriöser Herr mit erhobenem Zeigefinger: »Bedenken Sie, dass Sie alle Ihre Angaben wahrheitsgemäß machen müssen – nach bestem Wissen und Gewissen. Bedenken Sie auch, dass schon Ihr Täuschungsversuch strafbar ist. Ich wünsche Ihnen viel Klarheit und Wahrheit!«

Ich gebe meine Daten in eine PC-Oberfläche wie in einem Steuervordruck: Name, Adresse usw. Nun die Werbungskosten. Zuerst das Arbeitszimmer. Plötzlich erscheint wieder der streng blickende Herr mit dem Zeigefinger: »Sie wollen ein Arbeitszimmer geltend machen?! Bedenken Sie, dass dies nach Paragraph xyz nur erlaubt ist, wenn abc ...« Aber ich zucke zusammen und lösche den Text. »Doch kein Arbeitszimmer! Ich habe ja noch die Bewirtungsbelege.« Gerade will ich den ersten Beleg eingeben, da erscheint schon wieder der Bedenken-Träger mit seinem Zeigefinger: »Haben Sie geprüft, dass kein Beleg an einem Sonntag ausgestellt ist? Sind die bewirteten Personen wirklich Ihre Geschäftspartner? Stehen auch die Firmennamen auf dem Beleg – damit wir nachfragen können?« Nach einer Schrecksekunde entscheide ich: »Keine Bewirtungskosten.« Weiter zum nächsten Formular.

Langsam verstehe ich, warum die Finanzämter das Internet nutzen. Sie sparen viele Beamte, viel Papier und viele Steuerrückerstattungen. Und wenn dann alle ehrlich sind, bekommt der Staat mehr Steuern. Oder ist das alles nur ein Traum?

Löst Intranet den Chef ab?

High noon – 12 Uhr mittags an einem ganz normalen Montag. Die routinemäßige Vorstandssitzung ist zu Ende. Das Protokoll der Sitzung steht im Intranet. Kurze präzise Sätze, damit jeder Mitarbeiter versteht, was das Unternehmen bewegt. Informationen aus erster Hand, ungefiltert von der Lehm- und Lähm-Schicht der Hierarchie.

Das Wort »Hierarchie« geht zurück auf Hierarchia, griech. »Priesteramt« bzw. »Herr der Geheimnisse«. Mit Intranet sind jetzt alle Mitarbeiter auf dem Informationsstand ihrer Chefs und auch der Presse. Keiner kann sich beschweren: »Ich werde immer schlecht informiert.« Information ist jetzt nicht nur eine Bringschuld, sondern auch eine Holschuld. Das Büroleben wird allerdings etwas langweiliger. Die vielen Gerüchte und Zeit fressenden Tuscheleien auf den Fluren: »Hast du schon gehört?«, »Das ist ja ungeheuer!«, »Die da oben spinnen ja wirklich!« werden versiegen. All den Geschäften mit der Angst wird die Nahrung entzogen. Welch ein Potenzial wird im Unternehmen freigesetzt: mehr Zeit für den Kunden und zielgerichtetes Arbeiten, selbständigere Entscheidungen und weniger Angst. »Ich weiß ja jetzt, worum es geht, und warum was gemacht wird. Ich werde als erwachsener Mensch wahrgenommen. Ich habe jetzt genug Informationen, um selbst zu entscheiden, was ich tue und wie ich es tue.«

Wie die geballte Kraft eines großen Magnetstabes, in dem die kleinen Magneten alle in eine Richtung weisen: Mehr Klarheit und Wahrheit schaffen mehr Sicherheit und weniger Angst. Der Gewinn wird steigen. Denn Angst frisst Gewinne.

Löst denn jetzt Intranet den Chef ab? Auf diese Frage gibt es zwei Antworten:

JA, wenn sich der Chef bisher verstanden hat als »Herr der Geheimnisse«. Wenn er seine Macht auf dem Prinzip gegründet hat: »Ich weiß etwas, was du nicht weißt.«

NEIN, wenn der Chef als Führungskraft gehandelt hat. Wenn er kraftvoll führt, d.h. die Strategie festlegt und sie klar kommuniziert, Orientierung gibt und Mut macht. Wenn er die Menschen ent-fesselt und ent-wickelt. Wenn er gestalten will und nicht verwalten.

Intranet befreit ihn von vielen Verwaltungsakten und gibt ihm mehr Zeit für das persönliche Gespräch. Direkte Kontakte zwischen Chefs und Mitarbeitern werden immer wichtiger. Mit öffentlichen Auftritten in Mitarbeiterversammlungen kann er große Wirkung erzielen und Orientierung geben. Klarheit und Wahrheit sind die Basis für wirkungsvolle Führung.

Was die Mitarbeiter schon über das Intranet wissen, wollen sie nicht noch einmal von ihrem Chef hören. Sie verlangen aber nach einem Kompass durch die Informationsflut und nach dem Sinn ihres Tuns. Wer braucht eigentlich wen? Der Chef die Mitarbeiter oder die Mitarbeiter den Chef?

Der Mensch lebt nicht nur von der Elektronik. Technische Netze brauchen menschliche Begegnung, besonders für den Chef. Damit er spürt, was die Menschen bewegt.

High Tech verlangt High Touch und nicht »Management by Champignon«: Die Mitarbeiter im Dunkeln lassen, mit Mist bewerfen. Und wenn sie mal den Kopf herausstecken – dann werden sie geköpft.

Der Computer und ich: Wer arbeitet eigentlich für wen?

»Ich will rein!« Ich will ins WWW. Wenn es Boris Becker kann, dann ich auch. Denn ich bin ja schließlich kein Idiot.

Mein erster Schritt in das E-Zeitalter ist der ISDN-Anschluss. Im T-Punkt bekomme ich statt der Beratung einen Katalog mit Worten, die mir völlig fremd sind: MT5, ITM3 usw. Das scheint eine neue Sprache zu sein, ähnlich der des Roboters im Film »Star Wars«. Ich entscheide mich mangels gesprächsbereiter Berater für IMT4, was immer das heißen mag. Zu Hause finde ich dann in der Bedienungsanleitung: »Ziehen Sie den IAE-Stecker aus der Buchse. Die Programmierung erfolgt an dem MFV-Gerät, das am Anschluss 2A/B der mit F bezeichneten TAE-Dose gesteckt ist.« Ich komme mir vor wie ein Idiot. Ich verstehe nichts und will die Hotline anrufen. Aber die ist dauernd besetzt.

Endlich komme ich durch und kann fragen, was ein »IWV mit Hook-Flash« ist und was der Unterschied zum »MFV mit Normal-Flash«. Zu dumm, dass ich dauernd andere Leute an der Leitung habe, denen ich alles von vorne erzählen muss. Und die mir dann völlig unterschiedliche Tipps geben. Das Ergebnis von einem halben Tag erniedrigendem Spießrutenlaufen am Telefon: Ich kann zwar noch mit meiner supermodernen Telefonanlage Anrufe entgegennehmen, aber nicht mehr selbst telefonieren. Ich bin wohl wirklich ein Idiot.

Endlich erreiche ich einen Fachmann über mein Handy und das mobile Netz (jetzt weiß ich auch, warum man beides braucht), der nach zwei Tagen endlich kommt. Ein richtiger Mensch, der richtig was versteht. »Oh, in dem Gerät war eine Karte falsch gepolt.« Also bin ich doch kein Idiot.

Meine Freude währte nur kurz. Ich brauche noch einen PC, um ins Vergnügen, in das WWW zu kommen. Der Verkäufer betrachtet mich wie einen Analphabeten, weil ich nicht weiß, was das »Capi-Pool« und der »Pack&Play-Device« machen und welches »Motherboard« ich haben will. Vielleicht bin ich doch ein Idiot?

Oder sind die anderen mit ihrer Geheimsprache die neuen

»Götter in Jeans«? Die »Götter in Weiß«, unsere Ärzte, machen ja auch viele Geheimnisse. So wird klar, wer oben ist und wer unten. Zu Hause reißt mir nach meinen vielen Versuchen, das Kabelgewirr zu ordnen, doch noch der Geduldsfaden.

Besonders nerven mich die überheblichen Kommentare des Computers. Ich werfe den ganzen Müll in die Ecke. »Ich bin doch kein Idiot!« Dann schlage ich die Zeitung auf, suche die Kinoprogramme und bestelle zwei Tickets per Telefon. Denn eigentlich wollte ich nur im WWW zwei Kinoplätze reservieren.

Nach all diesen Frustrationen stellt sich mir die Frage, wer eigentlich wen beschäftigt: der Computer mich oder ich den Computer? Wer dient hier eigentlich wem: der Computer mir oder ich dem Computer? Soll ich die vielen Hieroglyphen und die Sprache meines Dieners lernen? Oder sollte der nicht meine Sprache sprechen?

Und wenn er mich versteht, dann kann er gerne wiederkommen:

– Dann beschäftige ich ihn und nicht er mich.
– Dann stehle ich ihm seine Zeit und nicht er meine!

Was Gutenberg mit Internet zu tun hat

Es gab einmal einen Mann namens Johannes Gutenberg. Der revolutionierte den Buchdruck durch die Herstellung völlig gleichartiger, beliebig zusammensetzbarer Typenstempel. Diese Standardisierung ermöglichte das preiswerte Drucken und Verbreiten von Informationen. Das Herrschaftswissen kleiner Gruppen wurde zerstört. Die Renaissance, die Wiedergeburt des Menschen als vernunftbegabtes Wesen, war eingeleitet. Wissen und Vernunft gewannen an Bedeutung gegenüber Glauben und Mystik.

»Internet« basiert auf völlig gleichartigen Schnittstellen und Übertragungs-Paketen, sozusagen auf genormten »Steckern« und »Steckdosen«. Diese Standards revolutionierten den Informations-Austausch und die Zusammen-Arbeit zwischen den Menschen auf der ganzen Welt. Die Macht des Herrschaftswissens, zum Beispiel von Chefs, Großkonzernen, Zentralbereichen oder Behörden, wird aufgebrochen. Die Renaissance der Persönlichkeit, die Wiedergeburt des Menschen – ob als Kunde, Mitarbeiter oder Bürger – lässt nicht länger auf sich warten.

Ein kundiger Mensch wird auch zum mündigen Menschen. Der Einfluss von Entmündigungs- und Bevormundungs-Einrichtungen in Wirtschaft und Gesellschaft wird sinken. Die Schritte in die Selbst-Verantwortung und die Wege zum Selbst-Bewusstsein sind für uns alle etwas unbequem, aber sie sind unvermeidlich. Die Entwicklungen sind nicht mehr zu stoppen. Der Geist ist sozusagen aus der Flasche.

Und wenn er aus der Flasche ist, dann kann ich ihn bekämpfen – oder ihn für mich arbeiten lassen.

»New Economy«: Opium fürs gehobene Volk

Wie wollen wir unseren Kindern einmal erklären, was wir in den späten neunziger Jahren als »New Economy« bezeichnet haben? War es nur eine Utopie? War es eine Erfindung der Investmentbanker? War es eine bewusste Irreführung durch

Analysten und Journalisten? War es Opium fürs gehobene Volk? Oder war es einfach Dummheit?

Viele Internetfirmen glaubten, als virtueller Verkäufer das schnelle Geld machen zu können. »Man muss nur eine hübsche Site ins Netz stellen, und dann kommen die Surfer in Scharen.« Sie hatten recht. Das Dumme aber war, die Scharen kauften nicht, sondern sie verglichen nur die Preise. Und wenn sie dann doch kauften, musste die Ware auch noch zu ihnen gebracht werden. Welch ein Aufwand. Man verliert zwar Geld bei jedem Auftrag, aber die Masse macht's. Der Name »New Economy« weckte einst die Hoffnung, das Internet würde die betriebswirtschaftlichen Regeln außer Kraft setzen. Aber das Gegenteil geschah. Die »Dot.com-Branche« bekam Anfang des neuen Jahrtausends die grausame Gültigkeit der alten Regeln zu spüren.

Es gab und gibt vielleicht gar keine »New Economy«. Es gab und gibt nur eine einzige Economy. Und deren wichtigste Regel heißt: Wer Geld verdient, der lebt. Wer kein Geld verdient, der stirbt. Historiker werden das Phänomen der New Economy vielleicht einmal als süße, kollektive Autosuggestion um die Jahrtausendwende beschreiben. Die legale Droge der Neunziger. Macht süchtig, ist aber nicht strafbar.

Was Platon mit Internet zu tun hat

Es gibt ein Wort, das hat so schnell die Welt erobert wie kein anderes Wort zuvor: Internet. Die ganze Welt kennt das Internet und das Internet kennt die ganze Welt.

Sein einfaches Geheimnis: Es ist der Einheits-Schlüssel zu

allen Computern der Welt. Mit seinem Standard öffnen sich alle Unternehmen der Welt – für mich. Ich sehe bei UPS, wo mein Paket gerade ist. Ich sehe bei Dell Computer in die Produktion, wie weit mein Computer gerade produziert ist. Ich sehe bei der Stadtverwaltung, bei wem mein Bauantrag gerade schlummert, und bei der Versicherung, wer meine Schadensmeldung bearbeitet – oder nur drauf sitzt. Der Automobilkonzern schaut in das Lager und die Fabrik seines Lieferanten und in das Auftragsbuch seines Händlers.

Ich reserviere meinen Platz im Flugzeug, mein Lieblingszimmer im Hotel und meinen Lieblingsplatz im Kino. Geld?! Ich bezahle einfach mit meinem guten Namen. Vertrauen gegen Vertrauen. Ich vertraue, dass mein Platz nicht besetzt ist. Mein Partner vertraut mir und meinem Konto. Bei Dell Computer bezahle ich zuerst mit meiner Kreditkarte, dann wird mein Computer gebaut. Ich bin der Arbeit-Geber von Dell. Ich bin auch der Finanzier von Dell. Und Dell ist ein toller Produzent. Er verschwendet nichts mit interner Bürokratie. Deshalb ist er so billig. Eine Hand wäscht die andere.

Internet hat keine Grenzen, kennt keine Grenzen, lässt keine Grenzen zu. Es schafft grenzenloses Vertrauen – weil alles transparent wird. Transparenz zwingt zur Aufrichtigkeit und Ehrlichkeit. Glaubwürdigkeit wird zum wichtigsten Gut. Wer einmal lügt, dem glaubt man nicht. Wenn ein Unternehmen lügt, weiß es morgen jeder im Chatroom – weltweit. Eine japanische Firma hatte fünf Kunden ganz schlecht behandelt. Diese stellten ihre bösen Erfahrungen ins Internet. Andere kamen dazu. Der Aktienkurs brach um 25 Prozent ein. Wenn ein Kunde lügt, wissen es morgen alle Kreditkartengesellschaften – weltweit. Die Folgen liegen auf der Hand.

Für Platon waren die »ungeschriebenen Gesetze« das Band, das den Staat zusammenhält. Fast zweitausend Jahre später sprach Rousseau von »den ungeschriebenen Gesetzen, die in die Herzen eingegraben sind wie in Marmor«. Das ungeschriebene Gesetz, ein Versprechen zu halten, ist im Empfinden der Menschen höher angesiedelt als geschriebene, mannigfaltig auslegbare Gesetze. Heute rufen viele nach mehr Regelungen und Gesetzen für das Internet-Geschäft. Aber vielleicht ist gerade das Fehlen von geschriebenen Gesetzen die Chance für das Wirken der »darunter« liegenden ungeschriebenen Gesetze wie »Treu und Glauben« oder »Vertrauen gegen Vertrauen«, die uns Menschen schon seit Jahrtausenden verbinden.

Faszination Internet. Es fördert die Renaissance der alten Grundwerte im Geschäftsleben – wie damals im kleinen Dorf. Nur heißt die Dorflinde jetzt »Chatroom«, der Marktstand »Firmenportal« und das Firmenschild »Homepage«. Doch die Werte sind dieselben geblieben – jetzt im globalen Dorf.

Über die Macht

Nur wer die Herzen bewegt, bewegt die Welt.

Ernst Wiechert

Wer die Menschen behandelt, wie sie sind,
macht sie schlechter.
Wer die Menschen behandelt, wie sie sein könnten,
macht sie besser.

Johann Wolfgang von Goethe

Wer auf Zehen steht, steht nicht fest.
Wer selber scheinen will, wird nicht erleuchtet.
Wer sich selber hervorhebt, wird nicht erhoben.

Laotse

Sir, geben Sie Gedankenfreiheit!
Geben Sie wieder, was Sie uns nahmen.
Werden Sie von Millionen Königen der König.
Ein Federzug von dieser Hand,
und neu erschaffen wird die Erde.

Don Carlos, Friedrich von Schiller

Wer wirklich Autorität hat,
wird sich nicht scheuen, Fehler zuzugeben.

Bertrand Russell

Die Macht der Prophezeiung

Es war einmal ein Würstchenverkäufer. Er war schwerhörig, deshalb hatte er kein Radio. Er sah schlecht, deshalb las er keine Zeitung. Aber er verkaufte köstliche heiße Würstchen. Das sprach sich herum, und die Nachfrage stieg von Tag zu Tag. Er kaufte einen größeren Herd und dann noch einen zweiten. Er holte seinen Sohn von der Universität zurück, damit er ihm half.

Aber dann sagte der Sohn: »Vater, bist du denn gar nicht informiert? Eine schwere Rezession kommt auf uns zu. Der Umsatz wird zurückgehen. Du solltest nichts mehr investieren.«

Der Vater dachte: Mein Sohn hat studiert. Er schaut Fernsehen, hört Radio und liest Zeitung. Der muss es wissen. Also verringerte er seine Fleisch- und Brötcheneinkäufe. Dann sparte er an der Qualität des Fleisches. Und zuletzt verkaufte er sogar einen Herd. Damit er etwas Liquidität bekam – für die schlechten Zeiten.

Und das Schlimmste: Die Sorge um die Zukunft ließ ihn missmutig werden und unfreundlich zu seinen Kunden. Das Ergebnis ließ nicht lange auf sich warten. Der Absatz an heißen Würstchen fiel und fiel, unaufhaltsam.

»Du hattest recht, mein Sohn«, sagte der Vater zu seinem Sohn, »es steht uns eine schwere Rezession bevor.«

Die Entstehung der Hierarchie

Es gab einmal eine Zeit, da waren die Menschen Sammler und Jäger. Sie lebten von der Natur und in der Natur, natürlich und im Einklang mit der Natur. Sie zogen zum Beispiel mit den Büffelherden, hatten flexible Zelte und waren selbst flexibel. Dann lernten sie, dass es bequemer war, Tiere zu zähmen und sie einzuzäunen. Der Besitz war erfunden, auf dem man sitzt, mit einem Zäunchen drumherum.

Einige Menschen lernten, dass es noch bequemer war, den Besitzenden die Tiere zu stehlen, wenn sie fett genug waren. Leider waren die einzelnen Höfe zu schwach, um sich gegen die Räuberbanden zu wehren. Deshalb entschlossen sie sich, an einem zentralen Platz zwischen den Höfen, dort wo sie sich immer zum Tauschhandel trafen, einen großen Turm aufzustellen, mit einem Wachposten. Der schlug dann Alarm, wenn ein Hof überfallen wurde. Da die Bauern aber meist nicht schnell genug von ihren Feldern bei dem bedrohten Hof zusammenkamen, stationierten sie einige Krieger in dem Turm. Dies war ein ähnlicher Übergang wie später von der »freiwilligen Feuerwehr« zur »Berufsfeuerwehr«. Das Problem: Der Wächter und die Krieger mussten ernährt werden.

Dazu zahlten die Bauern einen Tribut, ein Zehntel ihrer Ernte. Die Steuer war erfunden. Dieser Zehnte musste eingetrieben, gelagert und verwaltet, säumige Bauern mussten ermahnt und bestraft werden. So wuchs die Macht des Wächters, seiner Zehntel-Eintreiber und der Krieger. Sie nannten sich jetzt »Obrigkeit«, weil sie oben im Turm wohnten. Und sie leiteten ihren Machtanspruch von oben ab, »von Gottes Gnaden«. Jetzt waren sie unantastbar und hatten das Recht, auch gegen die Bauern vorzugehen. Die Griechen nannten es später »hieros«, das Priesteramt. »Hierarchia« heißt göttliche Ordnung. Als äußeres Symbol der Macht findet man seither überall den Turm. So wird klar, wer oben ist und wer unten.

Und wenn sie nicht gestorben sind, dann thronen die Oberen noch heute auf den Unteren.

Die Macht der Statussymbole

Es gab einmal eine Zeremonie, die war und ist immer noch sehr beeindruckend:

Fünf honorige Herren in dunklen Anzügen vollziehen eine heilige Weihe an einem noch nicht so honorigen Mann, heute auch in Dunkel: Der Vorstand ernennt einen Manager. Der Vorsitzende des Vorstands (er darf sitzen, während die anderen stehen) erhebt sich und überreicht dem vor Ehrfurcht erblassenden Kandidaten die Beförderungsurkunde. Er überträgt ihm Personalverantwortung. Er gibt ihm Macht über andere. Jetzt hat er Menschen unter sich. Man befördert ihn nach oben in den Adelsstand der Manager. Man schlägt ihn sozusagen zum Ritter. Der Kandidat glüht vor Aufregung und Stolz. Denn hinter dem Ritual steckt Methode. Man appelliert an den männlichen Instinkt, im Rudel über anderen zu stehen, einen höheren Status zu haben – mit allen Statussymbolen.

Das Ritual ist seit Jahrhunderten unverändert. Einst vergaben Könige Lehen an ihre Kronvasallen. Die Vasallen schuldeten für diese Lehen Kriegsdienste, Abgaben und ewige Treue. Der Aufstieg in den Adelsstand bedeutete damals wie auch heute »Karriere«. Früher bekam man Grund und Boden als Lehen, samt der dazugehörigen Leibeigenen. Heute erhält man eine Abteilung, samt der dazugehörigen Untergebenen – die sind unten und geben.

Die »Berufung an Hofe« macht stolz. Endlich ist man Leiter – aber noch unten auf der Leiter. Diese Frustration durchlebt jeder neue Chef nach seinem Ritterschlag. Oben ist er noch nicht, aber unten ist er nicht mehr. Für seine ehemaligen Kolleginnen und Kollegen ist er jetzt Hierarch. Man begegnet ihm mit etwas Respekt, aber auch Distanz. Für seine neuen Kollegen, die altgedienten Manager, ist er der Neue, der zu ihnen aufsteigen und ihnen den Platz streitig machen will. Aufstieg macht einsam.

Eigentlich war er ein toller Fachmann, ein beliebter Kollege, den jeder fragte und fragen konnte. Er war gefragt, weil er viel zu sagen hatte. Jetzt macht man ihn zum Manager, weil man seine fachlichen und menschlichen Leistungen honorieren wollte und weil er mehr Geld bekommen sollte. Die neue Gehaltserhöhung war aber laut Tarifvertrag nicht mehr für »produktive« Menschen vorgesehen, sondern nur für Führungskräfte. Ein verrücktes System. Nur damit gute Leute ein angemessenes Gehalt bekommen können, macht man sie zu Managern. Die Mannschaft verliert dabei einen tollen Kollegen, das Unternehmen einen hochproduktiven Fachmann, und viele solcher Führungskräfte wären besser Fachleute geblieben.

So aber wächst der Wasserkopf. Und wohl fühlt sich der neue Manager auch nur kurz. Er ist zwar stolz auf seinen neuen Besitz, seine neuen Statussymbole: den größeren Schreibtisch, den Stuhl mit Armlehnen, den größeren Auspuff, das kleinere Handy und natürlich das Einzelzimmer. Aber die menschliche Isolation und der Verlust an fachlicher Kompetenz machen ihm zu schaffen. Dagegen jedoch gibt es ein probates Mittel: den Aufstieg in die nächste Hierarchieebene. Mehr Geld, ein größeres Zimmer, Nennung des Namens im

Konzern-Organigramm, eine eigene Sekretärin und noch mehr Mitarbeiter. Aufstieg macht süchtig. Die Menschen werden Gefangene des Systems.

Und wenn sie nicht gestorben sind, dann lassen sie sich heute noch immer fangen.

Von der Macht der Netze

Es war einmal ein Mann, der garantierte seinen Kunden, Briefe und Pakete von München nach Paris in drei Tagen zu transportieren. Er hieß »von Thurn und Taxis«.

Er war damit wesentlich schneller als die kleinstaatlich organisierte Post und machte mit dieser Geschäftsidee des länderübergreifenden Express-Dienstes ein Riesenvermögen (ähnlich wie ein paar Jahrhunderte später UPS bzw. FedEx). Das Rückgrat dieses neuen Geschäfts war ein flächendeckendes Netz von eigenen Poststationen, an denen die Pferde gewechselt wurden. Von Thurn und Taxis kaufte dann rund um die Stationen Land, um das Getreide anbauen zu können, mit dem die Pferde versorgt wurden. Heute gehört der Familie einer der größten Grundbesitze in Deutschland.

Es war einmal eine Familie, die suchte im internationalen Handel ihren Lebensunterhalt. Es begann mit Hans Fugger, der 1367 in Augsburg das startete, was Generationen später seine Nachkommen Jakob und Anton zu einem gewaltigen Imperium ausbauten. Die Familie machte ihre Heimatstadt zu einer Handelsmetropole in Europa und der Welt und außerdem sich selbst steinreich. Die Fugger entschieden mit ihrem Geld, ob Kaiser Karl V. einen Krieg beginnen durfte und wann er ihn zu beenden hatte. Das war der Beginn des Kapitalismus, als Geld-Besitz mehr wert wurde als Land-Besitz. Das Rückgrat ihres Geschäfts war ein extrem schnelles Informationsnetz, mit dem sie eine Nachricht von Madrid nach Augsburg in weniger als zwei Stunden bekamen. Das Geheimnis: Auf strategisch gut positionierten Bergspitzen unterhielten sie Signalstationen, die mit Spiegeln und bei Schlechtwetter mit Signalarmen Nachrichten morsen konnten.

Es war einmal ein Mann, der machte sein Riesenvermögen mit Brieftauben. Baron von Rothschild schickte nach der Schlacht bei Waterloo, in der Napoleon geschlagen wurde, Brieftauben nach London mit dieser Meldung. Im Börsensaal ließ er allerdings die Nachricht verbreiten, Napoleon habe gewonnen. Daraufhin brachen alle Kurse zusammen, und er brauchte nur billig zuzugreifen. Als dann per Boten und per Schiff das richtige Ergebnis bekannt wurde, schnellten die Kurse nach oben und Rothschild war ein reicher Mann.

Logistik- und Kommunikationsnetze waren schon immer eine Quelle von Reichtum – morgen wird das noch mehr gelten denn heute.

Es gab einmal die Stasi in der DDR. Sie besaß ein hervorragendes Telefonnetz und sorgte dafür, dass die »Normal-Bürger« möglichst keine Telefonleitungen bekamen. So konnte sie schalten und walten, wie sie wollte. Sie hatte alles und alle im Griff.

Es war einmal eine große Computerfirma, die versuchte, mit einer geschlossenen Netzarchitektur die anderen Hersteller und Benutzer anderer Fabrikate auszugrenzen. Bis sie sich selbst ausgegrenzt hatte, als das Internet zum neuen Standard wurde.

Internet revolutioniert die Welt, ähnlich wie die Druckkunst und das Telefon. Weil es jeden mit jedem vernetzt, unabhängig von Fabrikat und Hersteller der Rechner. Jetzt bestimmt nicht mehr das Unternehmen, wen es wann per Leitung an seine Informationen lässt, sondern die Kunden bestimmen, wann sie mit welchem Unternehmen kommunizieren wollen.

Die Unternehmen müssen sich jetzt öffnen und ihr Angebot, ihre Konditionen, ihre Leistung öffentlich anbieten und anpreisen. Wer jetzt nicht im Netz ist, ist out. Wie auf einem richtigen globalen Marktplatz. Vielen macht die Transparenz Angst, wenn jetzt jeder sieht, zu welchen Preisen ein Autohersteller seine Karossen in Italien, Holland, Deutschland oder den USA verkauft. Man kann aber auch die Chancen der neuen Technik nutzen, um den Kunden neue Dienste zu erbringen, das Vertrauen des Kunden zu gewinnen und so den Kunden an das Unternehmen zu binden. Die Deutsche Post AG oder UPS ermöglichen ihren Kunden per Internet den Einblick, wo sich ihre Pakete gerade befinden. Amerikaner und Japaner können jetzt beim Hotel Sacher in Wien die berühmte Torte per Internet bestellen. Der Umsatz der tollen Torten hat sich so in wenigen Jahren verdreifacht.

Und wenn sie nicht gestorben sind, dann vernetzen sie noch heute.

Der feste Punkt

Auf einem Bauernhof lebt ein Hund. Er liegt in seiner Hütte an einer langen Kette, die an einem Eisenpflock befestigt ist. Der feste Punkt des Hundes. Der Hund kennt genau seinen

Bewegungsraum, sein Terrain. Hier ist er Herr. Hier darf kein Fremder rein, insbesondere kein fremder Hund. Er hat sein Dach über dem Kopf und bekommt von seinem Herrchen täglich sein Fressen. Er macht brav Männchen, wenn Herrchen es will, und verschmerzt auch noch die Fußtritte. Er tut seinen Job, bellt, wenn ein Fremder kommt. Nachts träumt er von der Freiheit, vom großen Abenteuer, von hübschen Hündinnen und von der großen weiten Welt. Doch dann wacht er schweißgebadet auf. Ein großer Hund hat ihm im Traum seinen schönen Knochen weggenommen und wollte ihn sogar beißen. Schlaftrunken blinzelt er, sieht seine Hütte und seinen festen Punkt. Beruhigt schläft er wieder ein. Er weiß, wo er hingehört. Er ist zufrieden. Er lebt zwar etwas »zu«, aber »in Frieden«.

In Afrika gibt es eine bewährte Methode, Affen zu fangen. An den Fuß eines Baumes bindet man leere Flaschen. Die Öffnung ist so groß, dass der Affe mit seiner Hand hineinkommt (keine Sorge, er kommt auch wieder raus). Jetzt kommt der Trick. In die Flasche legt man Nüsse. Der Affe sieht die Nüsse, greift in die Flasche. Aber mit der Faust kommt er nicht mehr raus. Er schreit und zappelt. Er reißt sich fast den Arm ab, aber ohne Erfolg. Er ist gefangen, weil er die Nuss nicht loslässt. Die Nuss ist sein fester Punkt geworden.

Für die Segler auf der Nordhalbkugel gibt es auch einen festen Punkt: den Nordstern. Er dient ihnen zur Orientierung für ihr Handeln. An ihm richten sie ihren Kurs aus, mit dem sie ans Ziel kommen wollen. Sie werden den Nordstern zwar nie erreichen. Sie wollen es auch gar nicht. Aber ohne seine Hilfe würden sie sich verirren oder im Kreis fahren.

Jeder Mensch braucht einen festen Punkt, einen Lebenstraum, eine Vision und natürlich konkrete Ziele. Denn wer kein Ziel hat, dem weht kein günstiger Wind. Und wer keine Vision hat, wird von den anderen manipuliert. Wer keine eigene Vorstellung von seinem Leben hat, dem stecken andere Nüsse in die Flasche oder halten ihm einen Knochen hin, damit er Männchen macht. Manchmal legen sie ihm sogar die Kette an den Hals.

Und wenn sie nicht gestorben sind, dann bellen sie noch heute.

Wie viel Erde braucht der Mensch?

Es war einmal ein armer Bauer, der kaum das Nötigste zum Leben besaß. Ein reicher Grundbesitzer hatte Mitleid mit ihm und sagte: »Ich schenke dir etwas Land, so viel wie du in der Zeitspanne zwischen Sonnenaufgang und Sonnenuntergang zu Fuß abschreiten kannst. Die einzige Bedingung: Du musst, wenn die Sonne untergeht, genau wieder dort sein, wo du aufgebrochen bist.«

Der arme Bauer war überglücklich: »Ich brauche bei weitem nicht den ganzen Tag, um das Land zu bewandern, das ich zu einem angenehmen Lebensunterhalt brauche.« Der Grundbesitzer nickte freundlich und setzte sich mit seinen Freunden auf einen kleinen Hügel, um das Geschehen zu überblicken. Der Bauer ging frohen Mutes los, ohne Hast und mit ruhigem Schritt. Doch dann kam ihm ein Gedanke: »Willst du diese einmalige Chance nicht nutzen? Nimm doch so viel wie nur möglich!« Seine Schritte wurden schneller, immer schneller. Er machte hier einen Bogen, um etwas mehr Land zu erhalten.

Dort wollte er noch einen Teich hinzu bekommen, hier eine besonders saftige Wiese und dort noch ein kleines Wäldchen. Seine Schritte wurden hastig, er begann zu keuchen, sein Herz jagte und der Schweiß trat ihm auf die Stirn. Die Sonne sank immer tiefer.

Endlich, mit letzter Kraft und dem letzten Strahl der untergehenden Sonne erreichte er den kleinen Hügel, den Ausgangspunkt seiner Reise. Ein riesiges Stück Land gehörte jetzt ihm. Doch sein Herz begann immer mehr zu rasen. Er brach vor Erschöpfung zusammen und starb. Es blieb ihm jenes winzige Stück Erde, in dem er beerdigt wurde.

Und weil er jetzt gestorben ist, braucht er nicht mehr so viel Erde.

(Frei nach Leo Tolstoi)

Über die Unternehmen

Wir reden uns im Pessimismus fest und bedienen häufiger die Bremse als das Gaspedal. Jürgen Hambrecht, CEO BASF

Nur derjenige hat den rechten Vorteil im Auge,
der auch den Vorteil des anderen mitbedenkt.

Chinesisches Sprichwort

Wenn ein Unternehmen nicht in erster Linie für Menschen da ist, für Kunden und Beschäftigte – wozu ist es dann da?

Daniel Goeudevert

In Zukunft wird sich die Utopie beeilen müssen,
wenn sie die Realität einholen will.

Wernher von Braun

Der Mensch ist das Maß aller Dinge.

Protagoras

Taten sind Früchte, Worte sind nur Blätter.

Englisches Sprichwort

Wenn es stürmt, bauen Dummköpfe Mauern.
Kluge bauen Windmühlen.

Niederländisches Sprichwort

Die Matrix-Organisation

Es lebten einmal die alten Griechen. Sie gelten noch heute als weise Leute mit vielen klugen Ideen und Gedanken, die auch das alltägliche Leben betrafen. So hieß es damals: »Ein Sklave zweier Herren ist frei.«

Die alten Griechen hatten erkannt, dass sie auf diese Weise ihre Herren sehr elegant ausspielen konnten, ohne angreifbar zu sein. Leider ist diese Weisheit heute in Vergessenheit geraten. Die Matrix-Organisation gilt als das Allheilmittel für komplexe Unternehmen – mit zwei, drei, ja sogar vier Dimensionen. Je mehr, desto besser. Die Unübersichtlichkeit als Prinzip. Die perfekt organisierte Verantwortungslosigkeit. Der Schwachsinn ist Methode. Die Kraft der Klarheit und die Macht des Einfachen werden ignoriert. »Der Kunde soll sich doch selbst zurechtfinden, wenn er was will!«

Und weil die Mitarbeiter in der Matrix noch nicht sterben wollen, lernen sie von den Griechen und spielen mit ihren Chefs das Hütchen-Spiel: »Unter welchem Hütchen bin ich denn?«

Gott und der Teufel

Nach der Erschaffung der Welt betrachteten Gott und der Teufel das Werk. »Wie gelungen alles ist. Jetzt wollen wir es organisieren«, sagte der Teufel. »Und damit alle Freude nehmen!«, bedauerte Gott.

Die Rolle des Abtes

Der Begründer des Benediktinerordens sah in dem Abt die wichtigste Rolle eines Klosters. Von dessen Verhalten hing das Wohl und Wehe der Klostergemeinschaft ab. Deshalb widmete der heilige Benedikt ein Drittel seiner Ordensregeln der Rolle des Abtes. Beispielhaft seien hier zwei genannt:

- »Der Abt hat immer das letzte Wort – aber nie das erste.«
- »Bevor der Abt spricht, muss immer der jüngste Mönch gesprochen haben.«

Vielleicht können diese beiden Spielregeln bei Vorstandssitzungen und Abteilungs-Meetings einen Beitrag leisten zur viel zitierten »offenen Kommunikations-Kultur«.

Der erste Arbeitstag

Es war einmal: ihr erster Arbeitstag in der neuen Firma. Sie hat Glück. Sie wird empfangen, nicht nur reingelassen.

Der Portier weiß Bescheid: »Herzlich willkommen, Frau Müller. Frau Schmidt holt Sie sofort ab. Hier schon mal Ihr Ausweis.« Ihre Chefin ist sichtlich erfreut. Endlich sind die vier Monate seit dem Einstellungsgespräch vorbei: »Das ist jetzt Ihr Arbeitsplatz. Die Kollegen kennen Sie ja schon.«

Lächelnde Gesichter, freundliche Worte und kleine Gesten des Willkommens: eine Blume auf dem Schreibtisch und ihre neuen Visitenkarten. »Der Computer ist für Sie schon hergerichtet. Hier noch ein paar nützliche Tipps für Ihre ersten Tage und Ihre Essensmarken für diese Woche.«

Klingt wie ein Märchen. Ist aber in einigen Unternehmen kein Märchen. Denn kein Arbeitstag prägt sich mehr in das Bewusstsein eines Menschen ein als der erste. Kein Tag prägt stärker das kollektive Bewusstsein eines Unternehmens. Er wirkt wie das Aufnahme-Ritual in eine Gemeinschaft (Community) und er prägt das Verhalten (Kommunikation) dieser Gemeinschaft. So wie die Mitarbeiter an ihrem ersten Arbeitstag behandelt werden, so behandeln sie später ihre Kunden und Kollegen.

Und bis sie einmal sterben wird, vergisst sie nie den ersten Arbeitstag. So wach und aufnahmefähig wie am ersten Arbeitstag ist das Gehirn nie mehr für das kollektive Gedächtnis eines Unternehmens.

Der brave Angestellte

Es war einmal ein braver Angestellter. Er wurde von einer Firma ein-gestellt. Im Büro wurde er morgens an-gestellt, lief schnell warm und funktionierte dann bestens. Er tat, was man ihm sagte, machte keine Fehler und war beim Gehalt genügsam. Um 17.00 Uhr wurde er dann ab-gestellt und fuhr auf eingefahrenen Gleisen nach Hause, sicher, wie im Schlaf. Dort funktionierte er wie von ihm erwartet: als Familien-Ernährer, als Vater, als Mann und als Freund. Beim Stammtisch seines Vereins war er gern gesehen. Er schwamm nie gegen den Strom, war freundlich und zuverlässig. Ein Leben in ruhigen Bahnen.

Eines Tages, er war gerade kurz über fünfzig, wurde der brave Angestellte bei der Firma ab-gestellt: erst aufs Abstellgleis, dann in der Beschäftigungsgesellschaft und dann auf der Straße. Sein Körper reagierte auf diese Serie von Schocks und stellte das Herz des braven Angestellten ab.

So kam er zu Petrus an die Himmelstür. Der fragte ihn: »Wer bist du?« »Ich bin Franz Müller.« Petrus antwortete sanft: »Ich fragte nicht nach deinem Namen, sondern wer du bist.« »Ich bin Angestellter der Firma XYZ.« »Ich will nicht wissen, wo du gearbeitet hast. Wer bist du?« »Ich bin Vater zweier Kinder.« Petrus schüttelte den Kopf. »Ich bin Vorsitzender unseres Stammtischs und Beigeordneter im Ortsverein.« Petrus reagiert etwas ärgerlich: »Wer bist du?«

Der brave Angestellte war ganz verzweifelt. Nach so vielen Schocks auf der Erde nun auch noch dieses hier im Himmel. Er fing an, hemmungslos zu weinen: »Ich habe doch immer gut funktioniert!«

Da hatte Petrus Mitleid: »Du erinnerst mich an eine Raupe, die immer auf der Erde herumgekrochen ist. Doch die Raupen tun das nicht ihr Leben lang. Wenn die Zeit gekommen ist, ziehen sie sich zurück und bauen einen Kokon. Dann halten sie inne, nehmen sich Zeit und beschäftigen sich nur mit sich. Und dann geschieht ein Wunder. Sie werden wieder geboren als wunderschöner bunter Schmetterling. Jetzt sehen sie die Welt mit anderen Augen. Jetzt brauchen sie nicht mehr zu kriechen. Jetzt haben sie den Überblick. Weißt du was: Ich gebe dir eine zweite Chance. Geh zurück auf die Erde und lerne, wer du bist. Mit fünfzig kann ich dich sowieso hier nicht gebrauchen.« Petrus lächelte und machte die Tür wieder zu. Vier Wochen später kam unser braver Angestellter aus dem Krankenhaus. Die Ärzte waren stolz, ein solches medizinisches Wunder vollbracht zu haben.

Und weil er nicht gestorben ist, macht er ganz vielen Menschen Mut. Mut, innezuhalten, die innere Stimme zu hören, Zeit für sich selbst zu nehmen, eine Auszeit zu nehmen, auch mal an sich selbst zu denken, den eigenen Lebenstraum zu finden und diesen Traum auch zu verwirklichen. Wenn er mal nicht verstanden wird, dann erinnert er die Menschen an die christliche Tugend: »Liebe deinen Nächsten – wie dich selbst!«

Die Heinzelmännchen und die Unternehmenskultur

Einst lebte zu Köln ein Schneidermeister. Seine Frau hatte es sehr gut. Der Schneider war fleißig, und sie musste im Haushalt nichts tun. Denn nachts kamen immer geheimnisvolle gute Geister, die alles für sie erledigten. Leider war die Schneidersfrau sehr neugierig. Sie wollte es schließlich wissen, wer da nachts arbeitete. Deshalb streute sie Erbsen auf die Treppe. Als es nachts polterte, machte sie blitzschnell das Licht an. Das ganze Haus war in gleißende Helligkeit getaucht. Kein Mythos mehr; kein Geheimnis mehr. Endlich war es ganz klar: Die Heinzelmännchen waren es. Sie kniffen schmerzverzerrt die Augen zu und flohen in Panik aus dem Haus. Bekanntlich wurden sie nie mehr gesehen.

Genauso geht es der Unternehmenskultur, wenn der Vorstand sich entschließt, sie endlich mal exakt aufzuschreiben, sie richtig festzuzurren und sie an die Kette zu legen. Danach ist sie tot. Mit dürren Worten beerdigt und mit schönen Bildern verherrlicht. Die Leitbild-Broschüren wirken oft wie Grabsteine für die soeben entschwundene Unternehmenskultur. Denn sie verträgt nicht so viel Licht. Sie liebt den Flair des Geheimnisvollen, die Leichtigkeit des Seins und nicht die Schwere der Worte.

Was ist das: »Es ist zart und hart zugleich. Es ist schnell zerstört; doch wer es ändern will, der beißt sich daran die Zähne aus. Es ist überall spürbar, es lässt sich aber nicht einfangen. Wird es in feste Regeln gebunden, verschwindet es. Überall ist es ist im täglichen Zusammenleben lebendig; doch wer es in Worte fassen will, der tötet es.«

Die Antwort: Die Unternehmenskultur! Sie macht das Unternehmen für Menschen attraktiv – für Mitarbeiter und Kunden. Man spürt sie, wenn man das Unternehmen betritt. Man hört sie als Mythen und Anekdoten, die nie richtig sind, aber sehr wichtig. Sie ist erlebbar, wenn man als Kunde eine Frage hat oder eine Reklamation. Und sie wird ganz konkret, wenn man mittags in der Kantine den Mitarbeitern zuhört und ihren Geschichten und Gerüchten.

Jedes Unternehmen hat seine ganz persönliche Kultur: Die Summe aller »Do's and Don'ts«, besonders der ungeschriebenen Regeln. Kurz gesagt, all die sogenannten »weichen Faktoren«, die den Umgang der Menschen im Unternehmen bestimmen: Wie verhält man sich gegenüber seinem Kunden oder Lieferanten? Wie behandeln die Führungskräfte ihre Mitarbeiter? Wie arbeiten die Mitglieder des Vorstandes zusammen und wie die Mitarbeiter untereinander?

Dabei lassen sich zwei Gesetzmäßigkeiten beobachten: Wie die Führungskräfte ihre Mitarbeiter behandeln, so behandeln die auch ihre Kunden. Es gibt nur eine Unternehmenskultur. Innenwelt und Außenwelt lassen sich nicht trennen. Wie es innen aussieht, so strahlt es auch auf den Markt. Ein Unternehmen mit arroganten Vorständen wird auch vom Markt als arrogant eingeschätzt. Kunden-Orientierung beginnt bei der Mitarbeiter-Orientierung.

Wie die Vorstände miteinander umgehen, so gehen auch die Mitarbeiter miteinander um. Der Volksmund sagt dazu: »Wie der Herr, so das Gescherr!« Wenn sich die »Könige« im Vorstand bekämpfen, dann tun das die »Vasallen« und das Fußvolk auch. Unternehmensleitung und Führungskräfte sind die wichtigsten Multiplikatoren der Firmenkultur. Sie prägen mit ihrem Verhalten die gelebte Kultur – unabhängig davon, was in den Glanzbroschüren steht. Hoffentlich passt es zusammen!

Die Kultur ist das Kernstück der Unternehmens-Identität. Sie ist der stabilisierende Faktor des kollektiven Verhaltens und deshalb sehr schwer zu verändern. Und sie ist ein wichtiger Anziehungspunkt für Mitarbeiter und Kunden. Wer eine »starke Hand« braucht, der wird in ein autoritäres Unternehmen gehen, um zu arbeiten oder zu kaufen. Wer eigene Entscheidungen und Selbstverantwortung liebt, der wird andere Unternehmen suchen. Es gibt keine gute oder schlechte Firmenkultur. Jede hat ihren Markt. Es gibt aber passende und unpassende.

Und weil weise Unternehmensführer nicht wieder alles selbst machen wollen, lassen sie keine weisen Worte über Werte schreiben, sondern leben sie einfach vor – nicht immer, aber immer öfter.

Das Bank-Geheimnis, das Geheimnis der Bank

Wir schreiben das Jahr 3000. Die Erde hat sich längst der lästigen Menschen entledigt. Da landet ein Raumschiff von einem anderen Planeten. Die Außerirdischen sind ganz neugierig, was diese seltsamen Wesen auf der Erde hinterlassen haben. In Wolfsburg, Stuttgart und Rüsselsheim fanden sie riesige Papierfabriken mit überdimensionierten Parkplätzen. Aber in Frankfurt sind sie völlig ratlos. Überall lesen sie den Begriff »Bank«, den sie bisher immer mit Park-Bank, Liebespaar und Senioren-Sitzplatz in Verbindung gebracht hatten. Stabil, sicher, solide. Das passt auch gut zu den Hochhäusern in Mainhatten.

Aber die vielen Zeitungsberichte, die sie aus dem Computer holen, erzählen völlig verwirrende Geschichten. »Die ABC-Bank entlässt ihren Vorstand wegen Devisenbetrugs.« »Vorstand der XYZ-Bank wegen Steuerhinterziehung verhaftet.« »Vorstand und Management der EFG-Bank wegen Anstiftung und Beihilfe zur Steuerhinterziehung verurteilt.« »Verurteilung wegen Schädigung der Kunden, weil sie Einzahlungen nicht am selben Tag verbucht haben.« »Drastische Strafen gegen Bankmanager, weil sie wertlose Ramsch-Papiere dem Kunden als Schnäppchen zum Kauf empfohlen haben.« Und so weiter und so weiter und so weiter.

Endlich findet einer in dem Lexikon der Worte das Bank-Geheimnis, des Rätsels Lösung: »Der Begriff BANK leitet sich ab von der Wechsel-Bank, dem Tisch der Geldwechsler im alten Jerusalem.« Ein anderer ergänzt: »Und die hat Jesus wegen betrügerischer Machenschaften vom Tempel verjagt.«

Das also ist die wahre Geschichte des Wortes »Bank«. Glücklicherweise müssen die Außerirdischen für die »Sparkasse« nicht so lange eine Erklärung suchen. Denn deren Wurzeln reichen nur bis 1750.

»Pressefreiheit« – auch im Unternehmen?

In den letzten Jahren ist es Mode geworden, gegen Bürokratie und starre Regularien zu sein. Die Regulierung und der Abbau von Konzern und Staatsbürokratie wird überall gefordert. Die osteuropäischen und ostdeutschen Wirtschaftsbürokratien mussten ihren Bankrott erklären. Wirtschaft, Unternehmen und Märkte haben sich als nicht planbar erwiesen. Die Menschen – Kunden und Mitarbeiter – lassen sich nicht mehr zentral steuern. Ihr Verhalten ist nicht mehr mit linearen Ursache-Wirkung-Ketten zu berechnen. Die rationalen Motivations-Theoretiker mit ihrem Management-by-Techniken erkennen ihre Ohnmacht, weil viele Menschen sich nicht mehr mit der »Mohrrübe« Geld, Status oder Titel wie Affen dressieren lassen. Menschen mögen Mündigkeit.

Am 5. Mai 1816 gewährte Großherzog Karl August von Sachsen-Weimar-Eisenach seinen 180.000 Untertanen als erster Fürst die Pressefreiheit. Dadurch beschleunigte er den Zerfall der Feudalherrschaft in ganz Deutschland und den Demokratisierungsprozess zu mündigen Bürgern.

Heute erleben wir die Einführung der »Pressefreiheit« innerhalb der Unternehmen und in den Märkten. Satelliten, Fax, Telefon, besonders aber die Computernetze überwinden die Informationsmonopole der Konzernspitzen und des Managements.

Mündige Bürger werden jetzt auch zu mündigen Kunden und mündigen Mitarbeitern. Vielleicht ist dies das Ende der Plan- und Kommandowirtschaft, wie sie in vielen Konzernen praktiziert wurde. Heute fordern immer mehr Menschen, dass die Grundrechte unserer Verfassung auch innerhalb von Unternehmen gelten.

Wenn wir das Verhalten von qualifizierten Mitarbeitern weiterhin exakt planen und steuern wollen, dann nutzen wir ihre Fähigkeiten nur zu einem Bruchteil. Ja, wir treiben sie sogar durch Entmündigung und stumpfsinnige Routine in Faulheit, Krankheit und Dequalifizierung.

Und wenn sie gar zu dumm geworden sind, dann werden sie entlassen.

»Auge an Vorstand« oder: Das lebendige Unternehmen

Es gab einmal eine Zeit der Pyramiden. Auf ihnen wurden Menschen geopfert, in ihnen wurden Menschen beerdigt. Und dann kamen Organisatoren, die bauten Unternehmen wie Pyramiden, statisch und starr, sehr stabil, aber auch ziemlich tot, sehr berechenbar, aber auch ziemlich unflexibel, insbesondere wenn der Markt, der Kunde oder der Wettbewerber sich bewegen. Was haben Pyramiden mit Unternehmen zu tun – es sei denn, man will Menschen opfern oder beerdigen?

Als Alternative zur üblichen Darstellung eines Unternehmens als komplizierte Maschinerie mit festen Regeln und formalisierten Kommunikationswegen kann man es sich auch als komplexen Organismus vorstellen. Als einen lebendigen Verbund von Organen und Zellen, die über ein Netzwerk von Nerven und Hormonen miteinander kommunizieren. Beim lebenden Organismus wird echte Arbeitsteilung praktiziert in einer echten »Vertrauensorganisation«. Jedes Organ arbeitet im Vertrauen darauf, dass auch die anderen »ihren Job tun«. Kein Organ fühlt sich einem anderen überlegen, keines steht höher als das andere. Ob Herz, Lunge, Nieren, Augen, Gehirn oder die Haut: Kein Organ kann ohne das andere existieren. Die einzelnen Organe haben auch kein Interesse, übermäßig zu wachsen – außer bei Krebs. Bei Störungen, Angriffen und Gefahren wird nicht erst ein Schuldiger gesucht, der gegen eine Regel verstoßen hat. Sondern über schnelle Regelkreise gesteuert, versuchen alle gemeinsam, das Problem zu lösen. Hier gibt es keinen obersten Befehlshaber, dem alle zu gehorchen haben, keine Bürokratie und keine Bürokraten. Netzwerke, Rückkopplung und Selbstorganisation sind die Geheimnisse des dynamischen Gleichgewichts in der Natur. So bleiben beispielsweise Körpertemperatur, Blutdruck und der Salzgehalt in den Zellen durch schnell wirkende Feedbacksysteme konstant.

Die lebenswichtigen Funktionen sind stark dezentralisiert in Organe, die weitgehend autonom arbeiten. Jedes Organ ist für sich eine Einheit, aber gleichzeitig auch Teil des gesamten Körpers, und das Ganze ist mehr als die Summe der Teile. Nach klassischer Organisationslehre gibt es sozusagen drei Hierarchieebenen: Zellen, Organe und den Organismus, eventuell noch eine vierte, den Vogel- oder Fischschwarm, sozusagen den Konzernverbund.

Die Überlegenheit solcher Netzwerkorganisationen gegenüber der tayloristischen Bürokratie-Organisation soll folgendes Bild zeigen: Sie begegnen auf der Straße einem Betrunkenen. Ihr Auge sieht, wie der Mann mit der Faust ausholt. In einer heute üblichen Unternehmensorganisation würde sich dann in etwa Folgendes abspielen: Das Auge schickt ein Telefax an seinen zuständigen Vorstand und entschuldigt sich zunächst für die Störung mit dem Hinweis auf die Gefährlichkeit und Einmaligkeit der Situation:

Auge an Vorstand:
1. Eine Faust kommt auf uns zu!
2. Erbitte die Genehmigung, das Lid schließen zu dürfen.
3. Empfehle Ausweichschritt und gegebenenfalls Flucht.

Vorstand an Auge:
Ich möchte keinen Präzedenzfall schaffen. Legen Sie mir deshalb bitte einen Investitionsantrag für das Schließen des Lides mit Aufwand und Nutzen vor. Wie Sie wissen, bin ich für Punkt 3 nicht zuständig. Machen Sie mir bitte eine Vorstandsvorlage. Ich werde Ihr Anliegen dann im Gesamtvorstand vortragen.

Auge an Vorstand:
zu 1. Die Faust kommt immer näher!
zu 2. Der Aufwand für das Schließen des Lides beträgt circa 1,7 Kalorien. Der Nutzen ist nicht quantifizierbar.
zu 3. Für die Vorstandsvorlage brauche ich mindestens zwei Tage. Befürchte, dann ist es zu spät. Empfehle dringend, etwas zu unternehmen.

Vorstand an Auge:
Was heißt immer näher? Bitte exakte Angaben! Angesichts der begrenzten Investitionen könnte ich zustimmen, wenn der

Aufwand durch das Budget gedeckt ist. Der Gesamtvorstand tagt erst nächste Woche Dienstag. Bis dahin erwarte ich Ihre Vorlage.

Auge an Vorstand:
Ich ziehe meine Anträge zurück. Bestellen Sie bitte einen Krankenwagen.

Das Unternehmen als lebendiger Organismus: Eine absurde Idee oder ein realistisches Bild, wie es in einem Unternehmen wirklich läuft? Spüren wir nicht das Immunsystem des Organismus, wenn ein Neuer kommt? Aktiviert der Organismus nicht alle Abwehrkräfte gegen Eindringlinge, bis sie entweder assimiliert oder wieder abgestoßen sind? Erkennen wir nicht immer mehr, wie die »Selbstheilungskräfte« des »Unternehmens« durch Moderatoren, Change Agents oder Selbstorganisation aktiviert werden können? Homöopathie und Akupunktur statt Chirurgie und Amputation.

Die Natur ist ein guter Lehrmeister. Sie hat seit Millionen von Jahren überlebt, weil sie lernfähig ist, weil sie sich flexibel angepasst hat und weil sie die wachsende Komplexität in einem Organismus durch schnelle Rückkopplungssysteme und Selbstorganisation im Griff behält. So beschäftigt das »Unternehmen Mensch« circa 100 Billionen Zellen als »Mitarbeiter« und schafft es auf sehr intelligente Weise, dass die Zusammenarbeit der Zellen reibungslos klappt. Die rechte Hand weiß, was die linke tut. Das Nervensystem sorgt für schnelle Verbindungen: wie die Informations- und Kommunikationstechnik in den Unternehmen. Die moderne Technik erlaubt jetzt, eine Organisation wie einen Organismus zu gestalten.

Ein Unternehmen lebt und hat eine eigene Identität, eine »Persönlichkeit«.

Jeder lebendige Organismus hat eine »Oberfläche«, die ihn als Einheit von der Außenwelt abgrenzt, aber auch gleichzeitig mit ihr verbindet. Mit eigener Identität ist er immer auch Teil eines größeren Ganzen. Diese Eigenschaft haben im Sinne der Selbstähnlichkeit auch alle Bestandteile des Organismus. Jedes Organ hat eine »Oberfläche«, eine Membran, die es zu einer Einheit macht, und gehört doch zu einem größeren Verbund. Jede Zelle grenzt sich durch die Zellenwand ab und ist doch Teil eines Organs. Übertragen auf das Wirtschaftsleben ist jedes Unternehmen Organ und Organismus zugleich.

Und wenn es nicht gestorben ist, lebt das Unternehmen heute noch.

Vom Land der Unternehmer

Vor tausend Jahren herrschten in ganz Europa die Prinzipien der Lehensherrschaft und der Leibeigenschaft. Wer Herr war und wer Knecht, dies war klar geregelt und sogar als göttliche Ordnung sanktioniert. Bis auf einige wenige Ausnahmen: die freien Städte und ein paar Dörfer, in denen nicht das Ränkespiel der Fürsten und Hofmeier im Vordergrund stand, sondern wirtschaftliches Denken und Handeln. Wer sein Handwerk verstand, war angesehen und hatte auch Einfluss auf das Geschehen in der Dorfgemeinschaft. Die Grundgedanken von Kundenorientierung, Selbstorganisation und Unternehmertum bestimmten das Leben und ließen wenig Raum für Drückeberger und Schreibtischtäter. »Schließlich muss der Kunde als unser Arbeit-Geber gut und zuverlässig bedient werden«, sagte der Schustermeister vor vierhundert Jahren dem Märchenerzähler in Rothenburg ob der Tauber. Das Leben war damals nicht einfach, wie der Volksmund so schön sagt: »Wer rastet, der rostet.« »Sich regen bringt Segen.« »Jeder ist seines Glückes Schmied.« Ein paar unzufriedene Kunden konnten abends unter der Dorflinde den Ruf eines Handwerkers für immer zerstören, und der musste dann seinen Laden, seinen Fenster-Laden, im wahrsten Sinne des Wortes zuschließen und sein Zunftschild herunterholen.

»Bei uns im Dorf muss jeder mit anpacken und richtig produktiv arbeiten«, pflichtete der Bürgermeister bei. »Hofstaat, Bürokraten, Stabsbereiche, Erbsenzähler, Besserwisser und Kontrolleure können wir uns hier in Rothenburg nicht leisten, bis auf einen Stadtschreiber. Der macht das auch nur nebenberuflich.« »Unsere Kunden und natürlich auch wir Unternehmer würden das niemals finanzieren. Sie müssen nämlich wissen«, die Stimme des Schustermeisters wurde erst etwas leise, aber dann doch sehr stolz, »bei uns im Dorf ist alles transparent. Unser Bürgermeister könnte einen solchen Wasserkopf nie verstecken. Bei uns weiß auch jeder, wer gute Schuhe macht und wer nicht. Wer zu kleine Brötchen backt und wo man das beste Fleisch bekommt. Jeder weiß auch, wer viel kann und wer viel Erfahrung hat, weil er viel er-fahren hat, in seinen Lehr- und Wanderjahren. Bei uns zählt das fachliche und unternehmerische Vermögen des Meisters, der Gesellen und auch seiner Lehrlinge.« »Natürlich darf man seine Frau nicht vergessen«, ermahnte der Bürgermeister. »Das, was diese Menschen vermögen, das ist ihr Vermögen. Bei uns zählt Können und nicht die Größe der Äcker und die Zahl der Leibeigenen. Das gilt beim Adel, aber nicht in unserer Wissens-Gesellschaft in Rothenburg.«

Der Schustermeister, der Bürgermeister und der Märchenerzähler steckten auf dem Marktplatz von Rothenburg die Köpfe ganz eng zusammen und diskutierten die Geheimnisse dieser schönen Stadt. Der Bürgermeister guckte nach rechts und nach links, um sich zu vergewissern, dass keiner zuhören konnte: »Unser König hat ganz klar erkannt, dass er mit einer richtig florierenden Stadt viel Geld verdienen kann. Wir sind nicht mehr abhängig von seinen Adligen. Er verlieh uns Stadtrechte und entzog so die Know-how-Träger des Landes der Leibeigenschaft, denen die Bauern natürlich noch weiterhin unterworfen sind.«

Der Meister ergänzte: »Know-how-Träger und Unternehmer lassen sich nicht wie Leibeigene behandeln – denn sonst leisten sie nichts Richtiges mehr, oder sie wandern aus. Deswegen muss ich besonders meine besten Gesellen gut führen. Ich hab da auch viel Lehrgeld bezahlt«, lachte er. »Diese Know-how-Träger agieren als Lebens-Unternehmer, ihre einzige Sicherheit sind ihr Können, ihr Wissen, ihre Fähigkeiten und Fertigkeiten, ihre soziale Kompetenz und ihre persönliche Ausstrahlung. Sie brauchen keine Stelle und Tarife als Schein-Sicherheit und auch keine Statussymbole als Manipulationsmittel. Sie kennen ihr Vermögen und vermehren es durch Lern- und Wanderjahre, die ein Leben lang dauern. Sie nehmen ihr Leben in die Hand und nicht ihre Akten. Wenn ich sie halten will, muss ich ihnen schon Entfaltungsmöglichkeiten, Job-Rotation und Wissenszuwachs bieten. Reisen bildet – nicht nur im Privatleben, sondern auch im Beruf. Deswegen nennen wir Karriere ›Werde-Gang‹: gehen und dabei werden.

Mein Betrieb ist auch groß genug dafür.« »Und wenn das nicht langt, bietet die Dorfgemeinschaft auch neue Perspektiven«, sinnierte der Bürgermeister. »Hoffentlich nehmen sich später auch die großen Unternehmen in Deutschland ein Vorbild an unserem Dorf und nicht an unseren Fürsten. Sie verlieren sonst ihre besten Leute.«

Ganz Europa war damals vergleichbar mit einem großen »Schweizer Käse« der Leibeigenschaft. Die Königreiche und Fürstentümer waren der Käse, der aber auch Löcher hatte: Hansestädte, freie Reichsstädte usw. In denen galten andere Spielregeln für die selbstbewussten Know-how-Träger. Nach und nach wurden die Löcher immer mehr und immer größer. Der wirtschaftliche Erfolg des Bürgertums wuchs und wuchs. Kein Wunder, dass im 19. Jahrhundert die Macht der Löcher größer wurde als die des Käses. Anfang des 20. Jahrhunderts war dann der Käse gegessen. Fürstentümer, König- und Kaiserreiche hörten auf zu existieren. Politisch ist die Leibeigenschaft heute überwunden. In vielen Konzernen hält sie sich aber bis heute noch.

Und wenn wir sie nicht sterben lassen, dann lebt sie dort noch lange weiter.

Vom Land der Erbsenzähler

Es war einmal ein sehr erfolgreiches Königreich, das Land der Dichter, Denker, Erfinder und Unternehmer. Der Hofstaat war klein, und die vielen Ritter, Barone und Grafen waren voll damit beschäftigt, etwas zu unternehmen, nämlich Erbsen anzubauen, zu ernten und zu verkaufen. Die Untertanen waren zwar unten, aber sie taten auch viel. So hatten alle gut zu essen und auch genügend Erbsen für den Tauschhandel mit anderen Königreichen.

Eines Tages setzte ein selbstsüchtiger Hof-Meier, der mehr Macht haben wollte, dem König eine fixe Idee in den Kopf: »Es ist äußerst wichtig, alle Erbsen im Land zu zählen. Dann können Eure Majestät Eure Kollegen richtig neidisch machen, wenn sie ihnen erzählen, wie viele Erbsen in Eurem Reich erzeugt, gegessen, verkauft oder gelagert werden.« Dem König gefiel die Idee. Er wollte gerne das beste Reich besitzen, und auch das Steuereintreiben wurde einfacher. Seine Vasallen mussten ein Viertel ihrer Erbsen bei dem Hof-Erbsenzähler abgeben: für den Hofstaat und das Heer.

Die Folgen dieses Gesetzes waren anfänglich erfreulich, später jedoch verheerend. Zuerst gab es in dem Land viele neue Arbeitsplätze. Jedes Fürstentum (heute auch »Unternehmen« genannt) brauchte jetzt eigene Erbsenzähler. Deren Ergebnisse wurden wiederum von vielen königlichen Erbsenzählern überprüft. Als das Schloss nicht mehr genügend Zimmer für all diese Erbsenzähler hatte und der Hofstaat in die Kutscherhäuser ausweichen sollte, gab es eine Palastrevolution, und eine geniale Idee wurde geboren: Es entstand der »königlich beauftragte und vereidigte Erbsenzähler«. Ein neuer Berufsstand war geboren und wuchs und wuchs und wuchs – in allen Königreichen rund um die Erde. Der neue Stand entwickelte eigene Zählweisen und erfand unterschiedliche Erbsenfarben: weiße, graue und schwarze. Von den weißen mussten die Fürsten ein Viertel als Steuern abgeben, von den grauen aber nicht. Sie wurden nur gezählt, um vor den anderen Fürsten zu prahlen, wie viele Erbsen man in Wirklichkeit hatte (heute nennt man das »Handels- bzw. Steuerbilanz«). Um weiße oder graue Erbsen in schwarze zu färben, ohne dass es den »königlich beauftragten und vereidigten Erbsenzählern« auffiel, entwickelten die Erbsenzähler der Fürstentümer immer neue Methoden, ebenso für das Bleichen der schwarzen Erbsen.

So kam es zu einem Wettstreit der Erbsenzähler, zunächst rein sportlich, aber dann immer ernsthafter. Es entstand nicht nur eine Vielzahl von Methoden, Theorien, Modellen und Konzepten, die von den königlichen Erbsenzählern in immer mehr und immer komplexere Gesetze und Verordnungen gegossen wurden, sondern auch immer mehr Schulen und sogar Universitäten. Aus dem Erbsenzählen wurde eine Wissenschaft gemacht, weil die Erbsenzähler sich in so viel Komplexität verstrickt hatten, dass keiner mehr durchblickte. Diese von Menschen gemachte Komplexität war jetzt fast so groß wie die Komplexität der Natur. Sie benötigte und rechtfertigte jetzt sogar ein Studium. Eine neue Wissenschaft war geboren.

So wuchs nicht nur die Zahl der Erbsenzähler, sondern auch die Zahl der Berufswege und Berufsgruppen. Bedrohlich wurde dieses Wachstum für das Königreich, als auf jeden Erbsenerzeuger ein Erbsenzähler kam. Die richtige Katastrophe war aber nicht mehr aufzuhalten, als das Erbsenzählen besser bezahlt wurde als das Erbsenerzeugen. Keiner wollte mehr richtig produktiv arbeiten. Eine Hungersnot nach der anderen überrollte das Land. Die Fürsten und auch der König setzten Computer ein, um weniger Erbsenzähler zu benötigen. Aber das Gegenteil trat ein. Erstens brauchte man jetzt neue Erbsenzähler zum Programmieren der Computer. Zweitens machten sich die Fürsten einen Sport daraus, mit viel Computerpower die Erbsen jetzt schneller zu zählen als der König. Und drittens wurde der Computer zur neuen Waffe bei dem Wettkampf um die weißen, grauen und schwarzen Erbsen.

Ist das Königreich schon untergegangen? Sind alle Menschen verhungert? Nein. Unverbesserliche Unternehmer machten sich daran, billige Erbsenbauern zu finden. Sie waren sehr erfolgreich. Sie lassen jetzt die Erbsen billig im Ausland anbauen und ernten. So beschäftigen sie Millionen Arbeitskräfte rund um die Erde, die so viele Erbsen produzieren, dass auch die Erbsenzähler im Königreich davon leben können.

Und sie erfanden noch einen tollen Exportschlager: das Erbsenzählen. Sie fahren jetzt ins Ausland zum Erbsenzählen – gegen gutes Honorar. Sie schulen und trainieren dort die Erbsenzähler – gegen gutes Honorar. Sie übersetzen all die komplexen Gesetze und Verordnungen in fremde Sprachen – gegen gutes Honorar. Und sie gründen internationale Erbsenzähler-Konzerne, die zählen, prüfen, beraten, schulen und die insbesondere die vielen Tricks mit den weißen, grauen und schwarzen Erbsen weitertragen – gegen sehr, sehr gutes Honorar. Das System ist ungeheuer erfolgreich – solange es auf der Welt noch genügend Menschen gibt, die bereit sind, für ganz, ganz wenig Geld ganz viele Erbsen zu produzieren.

Bis dahin machen die Fürsten in den Königreichen einmal im Jahr ein tolles Festival, auf dem sie den anderen Fürsten, aber auch den Journalisten und besonders den Analysten die Zahl ihrer weißen und grauen Erbsen präsentieren (heute heißt das »Bilanz-Pressekonferenz«). Mit vielen bunten Charts, Weltkarten und Computeranimation: Der Tanz um die goldene Erbse.

Und wenn sie nicht gestorben sind, dann zählen sie noch heute.

Die Bremer Stadtmusikanten oder: »Big Boss besucht einen Kunden«

Heute ist ein ganz besonderer Tag. Der Chef aus Übersee gibt unserem Kunden in Old Germany die Ehre seines Besuches. Der Account-Manager ist völlig geschafft. Aber die wochenlange Arbeit der Terminabstimmungen wird heute endlich belohnt. In der Empfangshalle des Kunden baut sich die Besucherdelegation auf: wie die Bremer Stadtmusikanten. Ganz oben thront Big Boss, der Hahn mit prachtvollem Gefieder. Darunter der Deutschland-Chef und der Regional-Direktor: wie Hund und Katz. In der Pyramide will keiner fehlen. Auch nicht der Geschäftsstellenleiter, der als meckernde Ziege auf dem Rücken des armen Esels steht, der alle zu tragen hat: der Account-Manager.

Die Sitzung mit dem Kunden wird ein schrilles Konzert. Die Melodie ist nicht einstudiert. Die Stimmen schwelgen in wilden Dissonanzen. Der Hund bellt, die Ziege meckert, und der Hahn will immer den letzten Schrei tun. Nach einer qualvollen Stunde ist endlich alles vorbei. Am Ausgang faucht die Katze zum Account-Manager: »Das nächste Mal besser vorbereiten!« »I-A«, antwortet kleinlaut der Account-Manager. Der Hund bellt: »Jetzt liegt es an Ihnen, was daraus zu machen. Aber Sie schaffen es schon.« »I-A.« Und sein Chef, die Ziege, meckert nur: »Ich hoffe, Sie haben sich alles notiert!« »I-A.« Zuletzt kommt Big Boss angeflattert: »It's really an excellent customer. You will now double our business!« »I-A.«

Der Boss aus Übersee hält das »I-A« für die deutsche Form von »Yes« und fliegt mit Freude davon. Mit hängenden Ohren stand der Esel jetzt alleine da. Er brauchte den ganzen Rest des Jahres, um die unhaltbaren Zusagen seiner »Bremer Stadtmusikanten« geschickt abzuschwächen, zurückzunehmen, einzulösen oder in Geschäft umzuwandeln. Aber es war ein tolles Training für ihn. Er wurde selbstbewusst und erfolgreich. Die Geschäftsbeziehung vertiefte sich durch die vielen kreativen Gespräche mit dem Kunden. Das Vertrauen des Kunden in den Account-Manager wuchs. Der Erfolg blieb nicht aus. Das Geschäft verdoppelte sich tatsächlich.

Und wenn er nicht gestorben ist, dann freut sich der Account-Manager schon auf den nächsten Besuch von Big Boss aus Übersee.

Fusionen: Wer gewinnt und wer verliert

Es lebte einmal der bayerische König Ludwig II. mit seinem Hofstaat in der Hofstadt München. Er hatte eine große Leidenschaft: das Bauen von Prunkschlössern. Dazu brauchte er allerdings viel Geld, sehr viel Geld. Im Jahre 1871 besuchte ihn der berühmte M&A Consultant Graf Otto von Bismarck. Er unterbreitete dem König einen genialen Plan: die Fusion des bayerischen und des preußischen Königreiches (die anderen deutschen Könige werden dann schon folgen) unter der Vorherrschaft des Preußen-Königs als neuem deutschen Kaiser. Berlin wurde deutsche Hauptstadt, und Ludwig II. erhielt als Schmerzensgeld eine riesige Abfindung. Von diesem Geld nahm er sein neues Projekt in Angriff, um sich und Deutschland unsterblich zu machen. Er baute Schloss Neuschwanstein, das zum Symbol für Deutschland in allen japanischen, chinesischen und amerikanischen Reiseführern geworden ist.

Der bayerische Adel, all die Barone, Grafen, Herzöge und sonstige Fürsten verurteilten diesen Verrat an Bayern. Sie hatten allerdings nur eine Sorge: »Behalten wir unsere Pfründe, unsere Ländereien, unsere Leibeigenen, unsere Schlösser und unsere Privilegien, wenn ein Preuße Kaiser wird?« Besonders hart traf es den bayerischen Hofstaat. Weil das Machtzentrum Deutschlands von der heimlichen Hauptstadt München zur offiziellen Hauptstadt Berlin wanderte, hatten sie keinen Einfluss mehr: Ohne Hof keinen Hofstaat, keine Höflinge, keine Hofdamen, keine Hofbeamten und auch keine Hoflieferanten. Den Leibeigenen, Hörigen und Handwerkern war es eigentlich wurscht, wem sie dienen mussten und wer sie als Untertan betrachtete. Hauptsache, sie hatten ihre Weißwurscht. Bis heute haben die Bayern allerdings die Fusion immer noch nicht überwunden. Für sie sind alle Deutschen oberhalb des Weißwurscht-Äquators nur die »Sau-Preißen«.

Etwa 130 Jahre später, im Jahre 1999, läuft die gleiche Geschichte wieder ab. Ein M&A-Consultant bringt zwei Könige zusammen: König »Edgar der Großzügige« aus dem Reich »Wo-da-tönt« und King »Eater der Teure« aus »Man's Man«. King »Eater der Teure« bekam viel Geld, sehr viel Geld und dankte ab. Vielleicht kauft er jetzt das Schloss Neuschwanstein. Die Fusion der Reiche wird durchgezogen, mit König »Edgar dem Großzügigen« an der Spitze. Und nun die Bilanz der beiden Fusionen auf einen Blick:

- Die Gewinner sind immer die Könige und die M&A Consultants. Der eine König bekommt mehr Macht, der andere mehr Geld. Und die Berater hohe Honorare, manchmal sogar einen tollen Job. Graf Otto von Bismarck wurde damals Deutscher Reichskanzler.

- Für das sogenannte »einfache Volk« ist es egal, wessen Untergebene sie sind. Sie bleiben unten und haben zu geben.
- Wer die Fusionen am meisten fürchtet, sind die Fürsten. Sie bangen um ihre Besitztümer, Titel, Schlösser, Chauffeure und Büro-Suiten: Landes-Fürsten, Abteilungs- oder Bereichs-Fürsten.
- Die Verlierer sind die Mitglieder des Hofstaates, denen die Existenzgrundlage entzogen wird. Ohne Hof können sie keinen Staat mehr machen. Wie aus einem Luftballon entweichen bei ihnen Privilegien, Status, Macht und Titel, bei einigen sogar die Dienstkutsche.
- Die sich wieder neu bewähren müssen, sind die königlichen Hoflieferanten.

Und die Moral:
Es wiederholt sich die Geschicht'!
Statt Königs-Thron und Fürstentum,
jetzt Vorstands-Sitz und Ab-Teilung.

Über die Kunden

We are ladies and gentlemen
serving ladies and gentlemen

Carlton-Ritz Hotels

Kümmere dich um die Menschen,
dann kümmern sich die Ergebnisse um sich selbst.

Götz Werner, Inhaber dm Drogeriemärkte

Der Schalterbeamte muss sich stets gegenwärtig halten, dass seine erste und wichtigste Aufgabe die Abfertigung des Publikums ist, gegen welche alle übrigen Arbeiten zurücktreten.

Verfügung der deutschen Postverwaltung 1875

Bei mir kann der Kunde jede Farbe haben, vorausgesetzt sie ist schwarz.

Henry Ford

Aufmerksamkeit ist die höchste aller Fertigkeiten und Tugenden.

Johann Wolfgang von Goethe

Die weltweite Nachfrage nach Kraftfahrzeugen wird eine Million nicht überschreiten –
– alleine schon aus Mangel an verfügbaren Chauffeuren.

Gottlieb Daimler, 1901

Zu den fünf Glocken

Es war einmal ein Gasthaus, das hieß »Silberstern«. Der Gastwirt hatte keinen Erfolg, obgleich er alles tat, um Gäste zu gewinnen: Er richtete das Haus gemütlich ein, sorgte für eine freundliche Bedienung und hielt die Preise in vernünftigen Grenzen. In seiner Verzweiflung fragte er einen Weisen um Rat. Als er die jammervolle Geschichte des anderen gehört hatte, sagte der Weise: »Es ist sehr einfach. Du musst den Namen Deines Gasthauses ändern.«

»Unmöglich!«, sagte der Gastwirt. »Seit Generationen heißt es ›Silberstern‹ und ist unter diesem Namen im ganzen Land bekannt.« Der Weise blieb bestimmt: »Du musst es ›Zu den fünf Glocken‹ nennen – und über dem Eingang sechs Glocken aufhängen.« »Sechs Glocken? Das ist doch absurd. Was soll das bewirken?« »Versuch es einmal. Du wirst Erfolg haben«, sagte der Weise lächelnd.

Also machte der Gastwirt einen Versuch, und Folgendes geschah: Jeder Reisende, der an dem Gasthaus vorbeikam, ging hinein, um auf den Fehler aufmerksam zu machen. Als er erst einmal in der Gaststube saß, war er beeindruckt von der freundlichen Bedienung und dem tollen Essen.

Und wenn sie nicht gestorben sind, dann erzählen sie noch heute von der tollen Idee und dem ausgezeichneten Lokal.

Die Waren-Bewacher

Jeder kennt sie. Jeder versucht, ihrem strengen Blick auszuweichen. Jeder vermeidet es, sie zu belästigen: die Waren-Bewacher in den deutschen Kaufhäusern. Oft findet man sie zu zweit oder dritt in angeregter Unterhaltung. Dann darf man sie auf keinen Fall stören! Sonst kommt ein ärgerliches: »Sie kommen doch alleine zurecht?!« Wehe dem Kunden, der dann den Pullover nicht wieder richtig gefaltet zurücklegt.

Offiziell nennen sie sich Verkäufer oder Verkäuferinnen. Doch hüten wir uns davor, bei ihnen etwas kaufen zu wollen. »Nein, für Spielwaren bin ich nicht zuständig.« »Nein, die CDs können Sie hier nicht hören.« »Nein, Sie dürfen nur eine Hose mit in die Kabine nehmen.«

Nach so viel »nein« sage ich jetzt: »Nein, da gehe ich nicht wieder hin.« Denn schließlich zahle ich deren Gehalt. Jetzt freue ich mich auf die freundliche Bedienung in meinem Lieblingsgeschäft.

Hier bin ich Mensch. Hier darf ich's sein.

Das Märchen vom König Kunde

Es ging einmal der Märchenerzähler zum Filialleiter einer großen deutschen Bank in Wiesbaden, um sich für kurze Zeit die Liquidität zu erhöhen. Der Filialleiter, neu in Amt und Würden, lobte die Bemühungen seiner Bank um Kundendienst, Servicequalität und Kundenorientierung. »Das trifft sich gut«, bekam er von seinem Kunden zu hören, »ich möchte gerade kurzfristig 40.000 Euro Liquidität bei Ihnen kaufen. Was kostet das? Wenn die Konditionen stimmen, gebe ich Ihnen auch sofort den Auftrag.«

Die etwas ungewöhnliche Wortwahl irritierte den Filialleiter, sodass der Märchenerzähler seinen Spruch noch einmal wiederholte. Dann die etwas unsichere Antwort: »Haben Sie denn schon einen Kreditantrag gestellt?!« »Warum denn das? Gehen Sie denn etwa in ein Reisebüro und stellen dort einen Reiseantrag?!« Der Filialleiter wollte nicht verstehen, redete etwas von Richtlinien und versuchte, seine Firmenvorschriften dem Kunden zu erklären. Nach vielem Hin und Her und noch mehr Richtlinien antwortete der Märchenerzähler: »Ich bin doch kein Antragsteller, ich bin schließlich Kunde. Ich erteile Ihnen gegebenenfalls einen Kredit-Auftrag. Sie brauchen ihn ja nicht anzunehmen. Hiermit kündige ich alle Wertpapierkonten von mir und meinen Eltern.« Sagte es, ging und löste sein Problem mit einer anderen Bank.

Es war einmal ein Mensch,
- der hatte sich überall erkundigt,
- der hat viel gekundschaftet,
- er ist jetzt kundig,
- der bekundet sein Interesse an einer Leistung,
- der gibt sogar Kunde, eine Order, einen Auftrag.

Jetzt kommt es darauf an, wie das Unternehmen darauf reagiert. Wird man sich schnell einig, gibt es eine Urkunde. Ist man aber nicht zuständig oder ständig zu, dann kündigt der Kunde. Alle diese Begriffe haben ihre Wurzel in dem Wort »Kunde«. Deshalb hieß ein solcher Mensch früher Kunde.

Bis vor hundert Jahren, als das Fließband Einzug hielt. Seit Henry Ford heißt er aber »Abnehmer«. Dieses Wort findet man heute sogar noch in den Lexika, als Erläuterung für den Begriff »Kunde«. Seit dem Fließband ist der Kunde der Letzte, das letzte Glied in der Kette. Er ist der Ab-Nehmer, der am Ende des Fließbandes das abzunehmen hat, was das Unternehmen sich für ihn ausgedacht hat. Deshalb sagt auch Henry Ford: »Ein Kunde kann bei mir jede Farbe haben, vorausgesetzt sie ist schwarz!« Durch Wettbewerb und das Internet wird der Kunde heute wieder zum kundigen Arbeit-Geber, wie zur Zeit der Dörfer vor der Industrialisierung. Nur ist das Dorf etwas größer geworden.

Ein Kunde will nicht unbedingt ein König sein, aber er möchte auch nicht mit Füßen getreten werden. Ein Kunde will als Person, als Mensch, wahrgenommen, erkannt und anerkannt werden. Man kann ihn reinlassen oder als Gast empfangen. Man kann ihm in die Augen sehen und dabei sogar lächeln. Ein Lächeln kostet nichts. Es ist das preiswerteste Marketing. Ein Lächeln kann dem Unternehmen Millionen von Werbungskosten ersparen. Der Kunde spürt es sogar, wenn wir am Telefon lächeln. Deutschland als Land des Lächelns: eine Utopie oder eine schöne Vision?

Und wenn der Kunde nicht ausgestorben ist, dann wartet er noch heute auf das Lächeln.

Das Märchen vom Vertriebs-Kanal

Ein Zauberwort geistert durch viele Gazetten und Gehirne, wenn sie von E-Business sprechen: »der Vertriebs-Kanal«. Internet als neuer Vertriebs-Kanal, Bedrohung der traditionellen Vertriebs-Kanäle, die Multi-Kanal-Strategie. Bei diesen Begriffen entsteht in mir das Bild eines Goliaths (das Unternehmen), der aus allen Rohren auf mich zielt. Ich bin wohl der »Ziel-Kunde«. Aus allen Vertriebs-Kanälen werde ich mit seinen Produkten bombardiert. Ich soll wohl erschossen werden? Na klar, man spricht ja auch von der Kunden-Front!

Die Sprache entlarvt das Denken vieler Unternehmen. Mich brauchen die eigentlich nicht. Die haben ihre Marktforschung, ihre Produktentwicklung, ihre Produktion und ihren Vertrieb. Ob der die Kunden vertreiben soll? Man kennt mich nur als Ziel-Gruppe, auf die sie mit ihren Produkten zielen.

Besonders eigentümlich geht es bei den Banken und Versicherungen zu. Manchmal rufen sie mich an: »Wir haben da ein neues Produkt. Das wäre doch was für Sie? Einen Fonds, eine neue Versicherung usw.« Aha, jetzt bin ich wieder ihr Ziel-Kunde und soll von den Vorzügen ihrer Produkte überzeugt werden. Auf diese Störungen in meinem Büro oder Zuhause kann ich verzichten. Und auch auf das Bombardement mit Wurf-Sendungen per Post oder Internet.

Internet ist aber deswegen nicht schlecht, weil versucht wird, es falsch zu benutzen. Internet erlaubt es mir, mit den Unternehmen Kontakt aufzunehmen, wann immer es mir passt. Internet ist für mich ein neuer Kommunikations-Kanal zu meiner Bank und zu meiner Versicherung.

Ob die das auch so wollen? Oder ob ich sie störe? Wer ist eigentlich für wen da? Ich für das Unternehmen? Oder ist das Unternehmen für mich da? Schließlich bin ich ein kundiger Kunde, der sich erkundigt hat, der sein Interesse bekundet und Kunde (Nachricht) gibt – jetzt auch per Internet.

Als Kunde stelle ich keinen Antrag. Ich gebe einen Auftrag, eine Order (engl. »Befehl«). Ich brauche Kommunikations-Plattformen und Begegnungs-Räume. Ich entscheide, auf welchem Weg ich mit den Unternehmen kommuniziere und wie wir uns begegnen:

– in der Bankfiliale,
– bei dem Zwischenhändler,
– in meinem Wohnzimmer mit einem Finanzberater,
– über Telefon oder
– über PC und Internet.

Ich entscheide, ob ich für einen Händedruck mehr bezahle als für einen Mausklick. Vielleicht ist mir das Gespräch mit einem realen Menschen hundertmal mehr wert als die Begegnung mit einem virtuellen Rechner.

Wie auch immer: Ich will kein Ziel-Kunde sein und auch nicht am Ende eines Vertriebs-Kanals stehen, um in die Röhre zu schauen. Ich möchte als Person, als Mensch wahr-genommen und wert-geschätzt werden. Dann bin ich auch bereit, Geschäfte zu machen: mit dem Unternehmen, das ich für mich attraktiv finde.

Und wer das nicht versteht, der ist für mich gestorben.

High Tech oder High Touch

Es war einmal ein Buchhändler, der wollte keine Bücher lesen. Er konnte keine Bücher riechen und wollte auch nicht in seinem Buchladen auf eine Leiter steigen, um ein seltenes Buch aus dem Regal zu holen. Er wollte nur mit Büchern Geld verdienen und seine Kunden schnell und bequem bedienen. Gewollt, getan. Per Internet und Mausklick bestellt jetzt der Kunde ein Buch bei ihm, vielleicht sogar zwei, und in 24 Stunden ist es per UPS geliefert.

Jetzt können die Kunden wählen:
- das schnelle Buch per Internet,
- das Fachbuch, gut beraten vom Fachhändler,
- und eine Dichterlesung in dem gemütlichen Buchladen mit dem typischen Duft der Bücher.

Zusätzlich natürlich das Buch vom billigen Jakob, dem Discounter.

Das Geschäft der Zukunft verlangt klare Profilierung:
- Electronic Business,
- Consulting Business,
- Erlebnis-Business.

Und dies nicht nur im Buchgeschäft, vielleicht sogar bei Banken. Die werden dann richtig attraktiv – mit Electronic Banking, Consulting Banking und Erlebnis-Banking. Das Internet-Café in der Filiale, der Seniorennachmittag mit Kaffee und Kuchen oder der Gründerabend. Wer geht denn schon gerne in eine sterile Bankfiliale, wenn dort nichts los ist. »Internet« oder die »Finanz-Boutique«, das ist hier die Frage.

Wenn es was zu erleben gibt, dann kommt der Kunde gerne.

Dornröschen oder: Der schlafende Kunde

Es war einmal ein ganz normaler Kunde. Der wollte nur für sein Alter finanzielle Vorsorge treffen. Es sollte ein solides Finanzgebäude sein, kein Luftschloss mit windigen Spekulationen. Das Fundament war auch gelegt – mit der gesetzlichen Rente. Hier sein Leidensweg mit dem Vertrieb der Finanz-Dienst-Leister.

Der erste wollte ihm Steine verkaufen: »Auf diese Steine können Sie bauen.« Der zweite kam mit einem Lastwagen voll Stahl: »Sie wollen doch was Solides.« Der dritte wollte ihm mit Holzbalken »den Weg freimachen«. Und der vierte setzte auf Glas: »Wir haben den Durchblick«.

Jeder sah nur seine Produkte, aber keiner hörte dem armen Kunden zu. Dabei war der Kunde gar nicht arm. Er hatte sogar viel Geld. Und er wollte »nur« ein Haus, ein ganz normales Haus, das zu ihm passt. Er wollte keine Steine, Eisen, Holz oder Glas. Er suchte eine Lösung und er bekam immer nur Produkte. Voller Frust jagte er alle Vertriebsleute weg. Der Vertrieb hatte mal wieder einen reichen Kunden vertrieben. Der wollte von keinem mehr etwas hören und fiel in einen tiefen Schlaf, wie einst Dornröschen.

Eine hohe Dornenhecke schützte ihn vor der Zudringlichkeit der Drücker-Kolonnen. An ihr blieben auch alle Postwurfsendungen hängen, und die CRM-Datenbanken zerkratzten sich ihre Festplatte an den Dornen. Immer wieder versuchten junge Verkäufer, angespornt durch dicke Abschluss- und Abschuss-Prämien, die Dornenhecke zu überwinden. Aber sie alle starben in den langen Dornen: wie einst die Prinzen bei Dornröschen. Keiner konnte den Kunden wachküssen.

Sie alle waren so übereifrig, dass sie nicht das Geheimnis der Dornenhecke entdeckten: Die Dornen zeigten alle nach schräg oben oder schräg unten. Sie töteten sowohl die arroganten Verkäufer, die ihre Kunden von oben herab behandelten, als auch die schleimigen Vertreter, die dem Kunden alles zusagen, aber nichts halten.

Eines gelobten Tages kam ein Prinz, dem sich die Hecke wie von alleine öffnete. Die Dornen konnten ihm nichts anhaben, denn er ging aufrecht und hatte ein aufrichtiges Interesse an dem Kunden. Er hörte zu und verstand sogar, was der Kunde wollte: Ein Haus und keine Bauteile, eine Lösung und kein Produkt. Sein besonderes Talent aber war: Er wusste, wie aus allem ein Haus wird, in dem sich der Kunde wohl fühlt. Endlich hatte der Kunde den richtigen Partner gefunden, wie einst Dornröschen.

Als das Werk vollendet war, bedankte sich der Kunde ganz herzlich bei dem Baumeister für seine wert-volle Dienst-Leistung: voller Wert für den Kunden. Denn der Kunde hatte jetzt ein Problem weniger. Schließlich bedankt sich ja auch der Patient beim Arzt, wenn der ihm geholfen hat. Aber häufig finden wir eine verkehrte Welt. Da bedankt sich der Verkäufer bei dem Kunden – für den Auftrag. Wer hat eigentlich jetzt wessen Problem gelöst? Wahrscheinlich der Kunde das Problem des Verkäufers. Wahrscheinlich hat jetzt der Kunde für den Verkäufer gearbeitet. Weil der seine Vorgaben zu erfüllen hat. Weil der seine Verkaufsprämie fürs Leben seiner Familie braucht. Wer dient eigentlich wem? Wer leistet eigentlich wem: bei den Finanz-Dienst-Leistern?

Vielleicht müssen die von ihren Kunden noch wachgeküsst werden, damit sie aus ihren Träumen und ihrer Scheinwelt erwachen, mit Produkten, Anträgen und Genehmigungen – aber ohne Kunden.

»Ich weiß etwas, was du nicht weißt« – Die von der Unwissenheit anderer leben

Es war einmal die Familie Fugger. Sie gewährte einst Kaiser Karl V. einen Kredit, damit dieser einen Krieg führen konnte. Die Familie Fugger bestimmte auch, wann der Krieg aufzuhören hatte. Woher hatten die Fugger so viel Geld? Sie besaßen keine Goldgruben, keine großen Ländereien und auch keine Leibeigenen, die ihnen Geld brachten. Aber die Fugger wussten etwas, was andere nicht wussten: zum Beispiel wer in Asien Gewürze anbaut und wer in Europa Gewürze braucht, wer am Hofe viel Geld für Seide ausgibt und wer in China Seide produziert, wer Kaffee trinken mag und wer Kaffee anbaut.

Die Fugger lebten wie alle Händler und Makler davon, dass sie mehr wussten als der Kunde. Und dass sie Menschen kannten, denen sie persönlich vertrauen konnten: Dem Sultan in der Türkei, der von den Fugger nur 5 Prozent der Ware als Zoll für die sichere Durchreise verlangte. Dem Gewürzbauern, der ihnen keine von Krankheit befallene Ware gab, und natürlich dem Kunden, der ihnen zu einem guten Ruf verhalf, indem er positiv über sie sprach. Ein guter Leumund war viel wert und ist es heute immer noch.

Was ändert sich denn jetzt eigentlich mit dem Internet? Welchen Nutzen bringt heute noch der Handel, wenn der Kunde manchmal sogar mehr weiß als der Händler. Wenn der Verbraucher seine Sicherheit durch Normen und allgemeine Geschäftsbedingungen bekommt. Und wenn der Zoll durch globale GATT-Bestimmungen geregelt ist?

Früher konnte man mit »Ich weiß etwas, was du nicht weißt« viel Geld verdienen. Heute herrscht hohe Transparenz. Der

Kunde honoriert nur noch, wenn er einen spürbaren Mehr-Wert durch Händler und Makler bekommt: zum Beispiel die Bequemlichkeit eines Vollsortimenters, die wert-volle Beratung eines Finanzprofis, die schönen Augenblicke in einer Erlebnis-Buchhandlung und besonders das Lächeln der Verkäuferin.

Sie ist stolz auf ihr Unternehmen und begeistert von ihrem tollen Angebot. Sie ist nicht überheblich, aber auch nicht unterwürfig. »Ich habe etwas, was du nicht hast: Kompetenz in meinem Fach und Freude an meinem Beruf. Deshalb macht es mir viel Spaß, mein Wissen mit dir zu teilen, damit du auch Freude hast: mit deinem neuen Buch, mit deinem neuen Haus, mit deinem tollen Urlaub. Damit du unser Geschäfts-Freund wirst und bleibst, und damit du uns einen guten Leumund gibst.«

Erinnern wir uns bei einem guten Händler an den Preis oder an das Gespräch? Erinnern wir uns bei einem guten Restaurant an die Rechnung oder an den schönen Abend?

Solange es Menschen gibt auf dieser Erde, zählt ein Handschlag mehr als tausend Mausklicks.

Über den Mut

Man entdeckt keine neuen Erdteile, ohne den Mut zu haben, alte Küsten aus den Augen zu verlieren. André Gide

Was fängt man an als deutscher Mann,
wenn keinem man gehorchen kann? Gustav Gründgens

Nicht weil es schwer ist, wagen wir es nicht;
weil wir es nicht wagen, ist es schwer. Seneca

Lass deine Zukunft nicht durch deine Vergangenheit bestimmen, aber lass dir deine Vergangenheit ein Ratgeber sein – für deine Zukunft. Indische Weisheit

Wer nichts wagt, der darf auch nichts hoffen.
Friedrich von Schiller

Wer etwas haben möchte, was er noch nie hatte,
der wird wohl etwas tun müssen, was er noch nie tat.
Peter Cord

Damit das Mögliche entsteht, muss das Unmögliche versucht werden. Hermann Hesse

Die mutige Prinzessin

Es war einmal ein König, der hatte sich ein neues Schloss bauen lassen, groß und prunkvoll. Mit dicken Mauern, hohen Türmen und einem mächtigen Tor. Er wollte sich richtig sicher fühlen. Zur festlichen Einweihung hatte er alle Könige seiner Nachbarreiche eingeladen und alle Ritter seines Landes mit ihren Edelfrauen. Sie saßen gut gelaunt auf einer großen Tribüne vor dem Tor. Der König überreichte seinem Großwesir feierlich den Schlüssel, um das Tor zu öffnen. Der drehte den Schlüssel um, drückte kräftig gegen das Tor und – nichts geschah. Er versuchte es noch einmal. Zwei Lakaien halfen ihm. Das Tor bewegte sich nicht. Es klemmte. Welch eine Blamage! Der König wurde bleich vor Schreck. In seiner Not rief er seinen Rittern zu: »Wer dieses Tor öffnet, bekommt meine Tochter zur Frau. Wer hat den größten Mut?!«

Jetzt gab jeder Ritter sein Bestes. Der erste rannte auf das Tor zu. Krachend splitterte seine Schulter. Der nächste versuchte es in voller Rüstung, der nächste hoch zu Ross. Das arme Pferd brach sich das Genick. Die Ritter rannten jetzt zu dritt und zu viert. Das Tor öffnete sich keinen Spalt. Es war ein fürchterliches Schauspiel.

Da erhob sich die Prinzessin. Alle Blicke richteten sich auf sie, als sie durch die Reihen der Ritter schritt. »Wen wird sie wählen?«, raunte das Volk. Sie aber würdigte keinen eines Blickes, ging auf das Tor zu und ergriff den Türknopf. Sie zog daran – und wie von Geisterhand öffnete sich das mächtige Tor. Betretene Gesichter bei den Rittern und brausender Beifall von den Rängen. Auch der König fand Würde und Sprache wieder.

Und wenn sie nicht gestorben sind, dann feiern sie noch heute den Tag der mutigen Prinzessin. Schließlich gehört viel Mut dazu, die Dinge anders zu machen, statt mit den Lemmingen von der Klippe zu springen.

Typisch deutsch!

Zu Beginn des 21. Jahrhunderts saßen die Deutschen wie eine fette Raupe in ihrem riesigen Kokon. Sie jammerten über die Fesseln ihrer Richtlinien und Vorschriften. Aber sie hatten nicht den Mut, sie zu zerreißen. Sie stöhnten über die Last der Steuern und Abgaben. Aber sie hatten nicht die Kraft, sie abzuwerfen. Sie klagten über die Diktatur der Bürokraten. Aber sie hatten nicht das Selbstbewusstsein, sie fortzujagen. Sie litten sehr. Aber sie litten auf hohem Niveau.

Die Deutschen sahen sich selbst als Raupen, die geboren waren, um zu kriechen. Als Untertan. Und wenn sie entdeckt wurden, dann hörten sie immer den Schrei: »Igitt! Eine Raupe.« Schließlich hatten sie so viel Angst, dass sie anfingen zu spinnen. Jeder in seinem eigenen kleinen Kokon und alle zusammen in einem riesengroßen Kokon – aus Bürokratie und Sicherheits-Vorschriften, aus Richt-Linien und Versicherungs-Policen. Jetzt blieb die böse Welt draußen. Jetzt konnte nichts mehr passieren. Und es passierte auch nichts mehr! Es wurde dunkel und ganz still. Es war zwar eng, aber auch schön bequem. Bei so viel Faulheit begann es schließlich überall zu faulen. Und das Gejammer wurde immer stärker.

Dieses Klagen und Stöhnen hörte ein großer, bunter Schmetterling. »Typisch deutsch!«, dachte er. Doch dann besann er sich. Er war ja selbst mal eine Raupe gewesen, und die Deutschen waren schon mal Schmetterlinge! So etwa alle 60 Jahre sind sie aus ihren Kokons ausgebrochen und haben dann ihre ganze Pracht als Schmetterlinge ausgebreitet: Als Dichter und Denker, als Ärzte und Philosophen, als Erfinder und Unternehmer.

So um 1820, erinnert sich der Schmetterling, begannen sie sich von der Last der Adels-Herrschaft zu befreien. Am 5. Mai 1816 gewährte Großherzog Karl August von Sachsen-Weimar-Eisenach seinen 180.000 Untertanen als erster deutscher Fürst die Pressefreiheit und verkündete eine freiheitliche Verfassung. Goethe machte Weimar zum Zentrum der Weltliteratur. Und Schiller hatte seinen Don Carlos das aussprechen lassen, was viele Freigeister dachten: »Sir, geben Sie Gedankenfreiheit! Geben Sie wieder, was Sie uns nahmen. Werden Sie von Millionen Königen der König. Ein Federzug von Ihrer Hand, und neu erschaffen wird die Erde.« Das Bild des Untertanen wurde verbannt und verbrannt. Deutschland wurde zum Musikzentrum mit so klingenden Namen wie van Beethoven, Schumann, von Weber, Mendelsson, Liszt und später Wagner. Die Deutschen schenkten der Welt die Romantik, für die der Mensch das schöpferische Geschöpf Gottes war – im Einklang mit der Natur und seiner persönlichen Freiheit.

Gut 60 Jahre später zeigten die Deutschen in den »Gründer-Jahren«, was an Erfinder-Geist und Unternehmer-Qualitäten in ihnen steckte. Persönlichkeiten wie Daimler und Benz, Krupp und Otto, Maybach und Linde, Siemens und Bosch: Sie alle sind noch heute Symbole der damaligen Aufbruch-Stimmung. Und die deutschen Naturwissenschaftler sprengten die Fesseln vergangener Weltbilder. Planck, Hertz, Röntgen und

Koch sind nur einige Forscher, die Deutschland den Ruf von Innovation und Aufbruch einbrachten.

Nach 1945 waren Unternehmertum und Einfalls-Reichtum wieder gefordert, allerdings diesmal bei allen Menschen in Deutschland. Diese Eigenschaften wurden gefördert, und das Ergebnis glich einem Wunder. Es ging als »Wirtschafts-Wunder« in die Geschichte und sogar in den anglo-amerikanischen Wortschatz ein.

Diese Gedanken machen den Schmetterling richtig wütend, und er ruft den Raupen zu: »Jetzt sind die 60 Jahre bald wieder um. Die Zeit ist reif für einen Durch-Bruch des Kokons und einen Auf-Bruch in die schöne, bunte Welt der Schmetterlinge. Eure Zukunft liegt in eurer Herkunft!« Und tatsächlich. Die Ersten zerbeißen die Richt-Linien und streifen sich die Fesseln ab. Sie ent-fesseln sich von den Bürokraten, Funktionären und Bedenken-Trägern. Sie richten sich auf und befreien sich von ihren eigenen Sicherheits-Ängsten. Dann sprengen sie noch ihren Panzer des Egoismus und ent-falten ihre prächtigen Flügel. Mit kräftigem Schlag verscheuchen sie die ewigen Bremser und schicken sie zurück in den Staub ihrer Amtsstuben. Vor lauter Kraft, Stolz und Selbst-Bewusstsein leuchten ihre Augen und ihre bunten Flügel.

Dieses Vorbild macht Mut. 80 Millionen Deutsche kommen langsam in Bewegung. Sie zwängen sich aus ihrem Kokon. Sie sprengen ihre Fesseln und werfen die lästige Last ab. Ein wirklich buntes Treiben erschüttert den riesigen Kokon Deutschland. Dann endlich. Ein Ruck – und er bricht auf. Ein großartiges Bild. Millionen von Schmetterlingen fliegen in die Freiheit, an das Licht der Sonne: die neuen »Gründer-Jahre« und das neue »Wirtschafts-Wunder«.

Alles braucht seine Zeit.
Alles hat seine Zeit.
Jetzt ist es so weit.

Aus der Ferne kann man es ganz deutlich sehen: Millionen von Schmetterlingen formen sich zu einem riesigen Schmetterling, der seine Flügel ausbreitet: farben-froh und kraft-voll. Typisch deutsch!

Der Adler

Es war einmal ein Mann, der fand im Wald ein Adlerjunges, das aus dem Nest gefallen war. Er nahm es mit auf seinen Hühnerhof, wo es binnen kurzer Zeit lernte, sich von Hühnerfutter zu ernähren und sich auch wie ein Huhn zu verhalten.

Eines Tages kam ein Tierforscher vorbei und fragte den Mann: »Wie kommen Sie dazu, den König der Vögel zu halten wie ein Huhn?«

»Nun«, erwiderte der Bauer, »er frisst Hühnerfutter wie die andern und ist ständig mit den Hühnern zusammen. Er hat auch nie gelernt zu fliegen. Er ist eigentlich gar kein Adler mehr.«

»Aber er hat noch immer das Herz eines Adlers und kann das Fliegen sicher noch lernen.«

Nach einigem Hin und Her einigten sich die beiden Männer darauf, es auf einen Versuch ankommen zu lassen. Der Zoologe nahm den Adler auf den rechten Arm und sagte: »Du bist ein Geschöpf der Luft und nicht der Erde. Spann deine Flügel aus und flieg!«

Aber der Adler war vor Verwirrung wie gelähmt. Er wusste plötzlich überhaupt nicht mehr, wer er war. Als er seine Kameraden zufrieden ihre Körner picken sah, sprang er eilends zu ihnen zurück, um wieder einer von ihnen zu sein.

Am nächsten Tag unternahm der Zoologe einen weiteren Vorstoß. Er nahm den Adler mit aufs Dach und redete ihm von neuem zu: »Du bist ein Adler und kein Huhn. Breite deine Schwingen aus und flieg!«

Doch der Adler ängstigte sich davor, ein Adler zu sein. Er sah voller Schrecken auf die unbekannte Welt zu seinen Füßen. Und er sprang so schnell er konnte wieder in den Hühnerhof hinab.

Am folgenden Tag nahm der Zoologe den Adler mit sich auf einen hohen Berg. Er hielt ihn hoch in die Luft und ermunterte ihn ein drittes Mal: »Du bist ein Adler. Du gehörst in die Lüfte. Der Himmel ist dein Reich. Entfalte deine Schwingen und flieg!«

Der Adler blickte sich zweifelnd um. Tief unter sich sah er den Hühnerhof. All seine Kameraden pickten ihre Körner. Er bekam Angst vor den grenzenlosen Weiten des Himmels, und er bewegte sich nicht von der Stelle.

Da hielt ihn der Zoologe gegen die Sonne. Den Adler durchlief ein heftiges Beben. Zögernd breitete er seine Flügel aus und schwang sich in die Lüfte.

Vielleicht hat der Adler von Zeit zu Zeit immer noch Heimweh nach dem Hühnerhof. Aber er ist und bleibt ein Adler, auch wenn er wie ein Huhn gezähmt worden war.

Zwei kanadische Holzfäller

In Kanada waren zwei Holzfäller auf dem Rückweg von ihrer Arbeit zu ihrer Hütte. Plötzlich hörten sie hinter sich im Wald ein lautes Knacken. Sie sahen sich erschrocken um. Es war ein Bär, der hinter ihnen her rannte, und er war sehr schnell. Beide liefen los. Aber einer strengte sich besonders an. Während des Laufens zog er den Rucksack aus, riss sich den Anorak herunter und auch noch den schweren Pullover. Er kam dabei fürchterlich ins Schwitzen. Der zweite Holzfäller sah all die Anstrengung als sinnlos an: »Der Bär ist doch schneller als wir!« Da lächelte der Erste: »Aber ich bin jetzt schneller als du!«

Das Märchen von der standhaften Lady

Es war einmal eine Schulleiterin in Wiesbaden, die nahm das Zitat von Albert Einstein ernst: »Phantasie ist wertvoller als Wissen.« Ihre Schülerinnen und Schüler sollten an ihrer Schule Theater spielen lernen – unter Anleitung eines professionellen Regisseurs. Der allerdings kostete Geld. Ebenso wie der Umbau der Aula in ein Theater. Ohne Moos nix los. Doch Enja Riegel hatte Phantasie. Sie erklärte kurzerhand: »Wir sparen das Geld für die Putzkolonnen, und die Schüler putzen ihre Schule selbst. Es ist ja schließlich ihre Schule!«

Ein Sturm der Entrüstung brach bei den Eltern los: »Meine Kinder putzen nicht! Die sind zum Lernen hier und nicht zum Putzen!« Die Dienstleistungs-Gewerkschaft protestierte gegen den Abbau von Arbeitsplätzen im öffentlichen Sektor: »Wenn diese Schule Schule macht, dann ...« Der Stadtkämmerer hatte eine ganz einfache Antwort: »Nein. Was soll das Theater!« Im Stadthaushalt war zwar Geld fürs Putzen, aber nicht fürs Theater. Das ist Kameralistik. An diesem Widerstand wuchs der Wille der standhaften Lady. »Geht nicht gibt's nicht.« Das Ergebnis macht Mut:

Die Schule hat heute ihr Theater und ist dauernd in der Presse – Schulmarketing ohne Kosten. Die Schüler sind begeistert von ihrer innovativen Schule und stolz auf Ordnung und Sauberkeit. »Vertrauen schafft Flügel«, ist das geflügelte Wort der Leiterin. Auch der Unterricht wurde revolutioniert: Nicht unter-richten, sondern aus-bilden. Lehrer-Teams, Projekt-Organisation und Selbst-Verantwortung beim Lernen. Das Geheimnis der standhaften Lady: »Unser Schulrat hat so viel Arbeit mit all seinen Schulen. Deshalb belasten und belästigen wir ihn nicht mit unseren Anliegen. Wir entscheiden einfach selbst. Deswegen ist er auch gerne bei uns – als Besuch.« Dieser Ruf verpflichtet. Die Helene-Lange-Schule in Wiesbaden wurde zur Vorzeige-Schule für Innovation im Bildungswesen – nicht nur in Hessen, sogar in Europa. Und Enja Riegels Buch »Schule kann gelingen« ist ein Bestseller.

Dies alles klingt wie ein Märchen, ist aber kein Märchen. Hoffentlich wird diese Schule Schule machen – nicht nur an Schulen.

Über die Politiker

Der Staat ist für den Bürger da und nicht umgekehrt.

Albert Einstein

Wenn du dein Volk ernähren willst, gib ihm keinen Fisch, sondern lehre es das Angeln. Laotse

Zum Abbau der Bürokratie fehlen uns einfach die nötigen Beamten. Amtsleiter einer großen deutschen Behörde

Ihr werdet die Schwachen nicht stärken, indem ihr die Starken schwächt. Ihr könnt den Menschen nie auf Dauer helfen, wenn ihr für sie tut, was sie selber für sich tun sollten und könnten. Abraham Lincoln

Wessen Regierung still und unaufdringlich ist, dessen Volk ist aufrichtig und ehrlich. Wessen Regierung scharfsinnig und stramm ist, dessen Volk ist hinterlistig und unzuverlässig.

Laotse

Verloren ist alles, sobald man Mutlosigkeit blicken lässt. Nur die Zuversicht, die man selbst zeigt, kann Vertrauen entflammen. Friedrich von Schiller

Je mehr Gesetze und Befehle prangen,
desto mehr gibt es Diebe und Räuber.

Laotse

Der Staatsdiener

Es war einmal ein König, der auch als Zauberer wirkte. Er hatte einen braven Diener: einen Besen, den er Minister nannte (von lat. »minister«: Diener, Gehilfe). Dieser Besen hielt nicht nur sein Schloss sauber, sondern schleppte auch viele Eimer voll klarem Wasser aus den Bergen für das Bad des Königs nach dessen Zauberspruch:

»Walle! Walle
manche Strecke,
dass, zum Zwecke,
Wasser fließe
und mit reichem vollem Schwalle
zu dem Bade sich ergieße.«

Sein Sohn, Don Carlos, war ein Fan der griechischen Demokratie (von griech. »demos«: das Volk) und hörte Tag für Tag, wie sein Vater dem Minister Befehle gab. Er versuchte, sich alles einzuprägen. Eines Tages, als der König ausgeritten war, sagte Don Carlos zu dem Besen: »Du bist jetzt Diener des Volkes und bringst auch den Bürgern ganz viel frisches Wasser zum Trinken.

»Walle! Walle
manche Strecke,
dass, zum Zwecke,
Wasser fließe
und mit reichem vollem Schwalle
zu dem Wohle sich ergieße.«

Unglücklicherweise hatte er den Befehl vergessen, um den Staatsdiener zu stoppen. Als das Schloss schon in weiten Teilen unter Wasser stand, brach er den Besen entzwei. Oh Schreck! Jetzt schleppten zwei Besen noch mehr Eimer.

»Wehe! Wehe!
Beide Teile
steh'n in Eile
schon als Knechte
völlig fertig in die Höhe!
Helft mir, ach! Ihr hohen Mächte!«

In seiner Not zerschlug der Sohn die Besen in viele kleine Stücke. Die richteten sich aber schnell auf und eine ganze Invasion von Besen skandierte: »Wir sind der Staat!« Er probierte alle Zaubersprüche durch, die er kannte. Beim ersten geschah nichts, beim zweiten auch nicht. Beim dritten blieben alle Besen stehen. Don Carlos atmete auf – und erstarrte vor Schreck: Die Besen begannen, sich gegenseitig zu zerbrechen. Die geschlechtslose Vermehrung der Staats-Diener.

Das Schloss stand schon vier Meter unter Wasser, die Tore brachen und das ganze Land wurde überschwemmt. Alles wurde weggerissen: Tiere, Häuser, Bäume und Menschen – wie bei einer großen Flut. Jetzt liefen schon Tausende von Besen, und es wurden unaufhörlich mehr. Der Sohn flüchtete auf die obersten Zinnen und schrie immer neue Befehle wie Verzweiflungsschreie.

Plötzlich zeigte ein Spruch Wirkung. Das Wasser verwandelte sich in Papier, das sich über das Schloss ergoss und über das ganze Land. Alles ertrank unter der Papierflut der Staats-

Diener. Wie Heuschrecken vermehrten sich die Bürokraten, und Millionen von ihnen erstickten alles Leben im Staat.

Weinend stand Don Carlos auf der Burgmauer und schluchzte: »Das habe ich nicht gewollt. Ich wollte doch nur die Demokratie. Jetzt habe ich die Diktatur der Bürokraten und Funktionäre! Wie werde ich die wieder los? Oh hilf mir doch, Vater!« Endlich sah er den König in der Ferne.

»Ach, da kommt der Meister!
Herr, die Not ist groß!
Die ich rief, die Geister
Werd' ich nun nicht los.«

Mit lauter Stimme rief der König die Zauberworte: »Schlank sollt ihr sein in der Verwaltung! Schlank wie ein Besen.

In die Ecke,
Besen, Besen!
Seid's gewesen.
Denn als Geister
ruft euch nur, zu diesem Zwecke,
erst hervor der alte Meister.«

Und weil wir jetzt alle Englisch sprechen, hört man landauf, landab die Zaubersprüche: »Lean Government«, »E-Government« und »Privat Public Partnership«. In der Hoffnung, dass sie wirken! Leider ohne Erfolg. Vielleicht brauchen wir doch noch einen König, der uns von all den Dienern befreit, weil er sie ja alle bezahlen muss. Mit seinem »Zehnten« kann er sich das nicht leisten. Da hilft ihm nur noch:

In die Ecke,
Besen, Besen!
Seid's gewesen.

(Frei nach Johann Wolfgang von Goethe: Der Zauberlehrling)

Die vier Raben

An einem schönen Strand auf einer schönen Insel verlor ein Fischreiher beim Start in die Luft seine Beute. Ein mittelgroßer Fisch fiel auf den Strand. Vier Raben kamen angeflogen. Der schnellste holte sich einen dicken Brocken und flog ein Stück weiter, verfolgt von seinen drei Genossen. Mit großem Geschrei, viel Flügelschlagen und aggressiver Energie tobte der Kampf um das Stück Fisch hin und her. Keiner kam in Ruhe zum Fressen. Jeder zupfte nur einen kleinen Bissen, wenn ein anderer das Stück im Schnabel hatte. Aber das meiste flog in den Sand oder das Meer.

Nach etwa fünf Minuten waren die Kampf-Raben völlig erschöpft, auch ein wenig verletzt – aber auf keinen Fall satt. Sie wurden es an diesem Tag auch nicht mehr, da in der Zwischenzeit sechs kleine Vögel den Rest des Fisches verzehrt hatten.

Und die Moral von der Geschicht': Zankt euch um den Kuchen nicht. Wenn Politiker und Tarifparteien nicht ihre ganze Energie beim rituellen Umverteilen des Kuchens verschwenden würden, hätten sie mehr Zeit und Kraft, um den Kuchen zu vergrößern. Volkswirtschaften und Unternehmen wachsen nie durch Umverteilungskämpfe und interne Gemetzel, sondern durch Einfallsreichtum, Engagement, Mut, Spaß und all die Energien, die sie nach außen auf die Märkte richten. Stoppen wir doch die sinn- und ziellose Verschwendung von menschlicher Energie und Lebensfreude. Stoppen wir die Vernichtung von Zukunfts-Vorfreude unserer Bevölkerung. Geben wir doch der natürlichen Lust auf Leistung auch bei uns Raum und Ziel.

Und wenn sie nicht gestorben sind, dann zanken sie noch heute.

Hänsel und Gretel

Es war einmal ein ganz normaler deutscher Bürger namens Michel. Ende Januar öffnete er mit Spannung seine erste Gehaltsabrechnung im neuen Jahr. Erst wurde er blass vor Schreck: »Schon wieder bleibt mir im Januar weniger als im Dezember. Und das jetzt schon seit Jahren!« Dann lief er rot an vor Wut: »Über 40 Prozent zahlen mein Arbeitgeber und ich an die Sozialsysteme. 40 Prozent gehen ans Finanzamt. Und von dem Rest zahle ich noch 16 Prozent Konsum-Steuer und Mineralöl-Steuer und, und, und, und. Jetzt langt es. Ich werde Steuer-Hinterzieher!«

Über diesen kriminellen Entschluss erschrak keiner mehr als unser Michel selbst. Denn er war ja ein braver Michel. »Ich komme mir vor wie der Hänsel, der von der Hexe gefressen wird, wenn er fett genug ist. Also mache ich mich jetzt ganz arm. Ich habe nichts. Ich bekomme nichts. Und der Hexe zeige ich nur ein dünnes Stöckchen. Dann lässt sie mich vielleicht in Ruhe.«

Und weil er noch nicht sterben will, versteckt er sich in jedem Schlupfloch. Dort wartet er, bis Gretel kommt und die Hexe in das Feuer wirft.

Und plötzlich sagt die Menschheit »ICH«

Es war einmal ein Magier. Für ihn war die Erde kein Planet aus Stein, Wasser und ein bisschen Luft, auf dem sich ein paar Milliarden Menschen festkrallen wie Flöhe auf einem Hund. Er sah in der Erde ein Lebewesen, einen lebendigen Organismus. Die Erdkruste ist das Knochengerüst, das den notwendigen Halt gibt. Der Wasserkreislauf mit Wolken, Regen, Flüssen und Meeren versorgt den Organismus Erde mit den lebensnotwendigen Stoffen wie unser Blutkreislauf. Die Regenwälder haben die Funktion der Lunge.

Wie bei unserem Körper bleibt die Temperatur sehr konstant, wenn die Erde nicht gerade etwas Fieber durch den Treibhauseffekt hat oder eine Unterkühlung wie zur Eiszeit.

Und was machen die Menschen in diesem Bild? Für den Magier spielen sie eine enorm wichtige Rolle. Sie bilden das Gehirn der Erde – »The Global Brain«. Die westlichen Kulturkreise sind die linke Gehirnhälfte, eher analytisch, rational, sehr effektiv und zielstrebig. In den östlichen Kulturen sieht er die ergänzende rechte Gehirnhälfte, eher ganzheitlich, emotional, bildhaft und auf Balance bedacht – wie Yin und Yang.

Besonders spannend war es für seine Zuhörer, wenn er die Entwicklung dieses globalen Gehirns verglich mit den Phasen beim Menschen – vom Embryo bis zum Kind. Dabei legte er besonders Wert auf die Bedeutung der »kritischen Masse« und der »Vernetzung«. Er beschrieb den Prozess: »Im Mutterleib bildet der Embryo erst wenig Gehirnzellen, nur das Stammhirn und später das Kleinhirn. Erst im letzten Stadium vor der Geburt, ja noch bis circa sechs Wochen nach der Geburt, produziert der kleine Mensch wie wild seine Zellen für das Großhirn, circa zehn Milliarden.«

Der Magier machte dabei gerne den Witz: »Fast hat es den Anschein, der kleine Mensch hat sie am Anfang vergessen und muss dann alles nachholen.« Und mit ernsthafter Stimme fuhr er fort: »Diese Wachstumskurve kennt die Mathematik als e-Funktion, erst flach, dann wenig und zuletzt ganz steil ansteigend. Eigentlich ist das ganz ökonomisch, denn im Mutterleib gibt es noch nicht viel Aufregendes zu sehen. Deshalb sind die Zellen auch praktisch nicht miteinander vernetzt. Das ändert sich aber schlagartig nach der Geburt. Nun wird es richtig spannend. Es gibt viel zu sehen, zu fühlen, zu erleben. Jetzt beginnen die Gehirnzellen, sich zu vernetzen, mehr und immer mehr. Bis etwa im zweiten Lebensjahr ein entscheidender Augenblick kommt. Das Kind sagt zum ersten Mal ›ICH‹. Es spricht nicht mehr in der neutralen Form: ›Holger will ...‹, ›Susanne will ...‹, sondern ›Ich will ...‹. Es ist die zweite Geburt des Kindes. Die Geburt des eigenen Bewusstseins. Dazu bedarf es einer kritischen Masse von Gehirnzellen (circa zehn Milliarden) und einer ausreichenden Vernetzung dieser Zellen.«

Dieses Bild der »zweiten Geburt« faszinierte immer wieder die Zuhörer und auch den Magier selbst. Danach übertrug er das Bild dieser Entwicklung auf die Erde und die ganze Menschheit. Die Wachstumskurve der Menschheit als e-Funktion hat eine verblüffende Identität mit der Gehirnzellenkurve. Auch die Erde »produzierte« bis zum 19. Jahrhundert nur eine Milliarde Menschen. 1920 waren es schon zwei Milliarden, und erst in den letzten dreißig Jahren stieg die Zahl stark an. Heute sind wir bei sechs bis sieben Milliarden.

»Die Vernetzungen sind jetzt besser«, beschrieb der Magier die Situation zur Jahrtausendwende. »Die kritische Masse ist fast erreicht und die Vernetzung der Menschen ist voll im Gange. Fernsehen, Internet und Flugzeug, Telefon, Computernetze und globale Unternehmen schaffen immer mehr, immer neue Verbindungen zwischen den Menschen. Wie Nervenbahnen werden sie immer dichter und die Verbindungen immer intensiver. Noch vor fünfzehn Jahren gab es viele isolierte Zonen im globalen Gehirn. Mächtige Grenzmauern, zum Beispiel zwischen Ost- und West-Europa, in Asien oder zwischen Mexiko, Mittelamerika und USA waren fast undurchdringlich. Heute weben die Fäden der Kommunikation und der internationalen Zusammenarbeit das globale Gehirn zusammen. Bald wird die Erde ›ICH‹ sagen.«

Der Magier geriet so richtig ins Schwärmen: »Die Zeit ist bald reif für ein globales Bewusstsein. Die ersten Anzeichen sind schon spürbar. Wir erkennen schon den Zusammenhang zwischen dem Abholzen des Regenwaldes in Brasilien und unserem globalen Klima. Wir beginnen wahrzunehmen, dass wir so unsere eigene Lunge zerstören. Wir sehen langsam die Schäden, die wir unserem Blutkreislauf zufügen. Noch handeln wir nicht, noch fehlt das Bewusstsein, noch sagen wir nicht ›ICH‹, ›Ich will es‹ und ›Ich tue es‹. Noch sind wir nicht alt genug, nicht reif genug – wie ein Kleinkind, dem das Verantwortungs-Bewusstsein noch fehlt. Aber bei den meisten Kindern wächst auch dies mit dem ersten Meerschweinchen, für das es Verantwortung übernimmt. Weil es ein neues Gefühl entdeckt – die Liebe.«

Und weil wir nicht sterben wollen, werden wir Verantwortung übernehmen für unseren gemeinsamen Körper – die Erde.

Das Märchen vom Fenster

Es waren einmal junge dynamische Zwillinge namens Tore, die etwas unternehmen wollten. Einer, Willi Tore, lebte in Deutschland. Er wollte in seiner Garage eine kleine Software-Schmiede starten. Hier sein Leidensweg:

Seine Garage hatte keine Fenster. Wenn er aber mit seinem Kollegen darin arbeiten wollte, musste sie gemäß der Gewerbeaufsicht Fenster haben. Er stellte einen Bauantrag. Der wurde allerdings abgelehnt, weil Garagen gemäß Bauaufsicht keine Fenster haben dürfen.

Als mutiger Unternehmer unternahm er etwas, machte sich strafbar, schlug ein Fenster in die Garage und startete sein Geschäft. Willi war nicht nur mutig, sondern auch gut und sein Kollege ein kluger Kopf. Der Erfolg war groß. Die beiden nächsten Mitarbeiter sollten eingestellt werden. Aber die Gewerbeaufsicht verlangte zuerst eine Toilette. Beides zusammen überstieg seine finanzielle Kraft. Seine Bank finanzierte gern die Toilette, aber nicht die klugen Köpfe. Trotz der Widerstände entwickelte sich sein Geschäft recht gut.

Der fünfte Mitarbeiter sollte eine Mitarbeiterin sein. Wieder schritt die Gewerbeaufsicht ein. Es musste eine zweite Toilette her. Die zarten Bächlein der Gewinne flossen in Fenster, behördliche Genehmigungen, Bankzinsen und Toiletten. In Gips statt in Grips. Das war das Ende eines Traums. Die Behörden waren stolz. Sie hatten sechs Arbeitslose mehr geschaffen, die sie jetzt verwalten durften. Die Bank hatte zwei Toiletten in ihrem Besitz. Der junge Mann wurde bestraft wegen des Fensters und galt jetzt als Versager.

Sein Bruder auf der anderen Seite des Atlantiks hatte seinen Namen etwas geändert: Von »Tore« in »Gates«. Bill nahm seinen Bruder zu sich und in Erinnerung an die Erlebnisse in Deutschland nannten sie ihr neues Produkt »Windows«.

Und wenn sie nicht gestorben sind, dann öffnen sie noch viele Fenster zur Welt, schaffen Tausende von Arbeitsplätzen und werden Milliardäre.

Das Märchen vom Vater Staat

Es lebte einmal ein Philosoph, heute ein Klassiker des politischen Denkens, der Engländer John Locke (1632–1704). Der machte sich Gedanken, was der Sinn und die Aufgabe eines »Staates« seien. Bis dahin gab es keine Staaten, sondern nur Kaiserreiche, Königreiche und Fürstentümer. Die politische Ordnung, in die der Mensch eingebettet war, galt als Teil des von Gott geschaffenen hierarchischen Kosmos. Die gesellschaftliche Ordnung hatte auch ihre klare hierarchische Gliederung von der Familie über die Stände und Gemeinden bis zum Königreich. Aristoteles und Thomas von Aquin waren die Geburtshelfer dieses Modells, bei dem König und Fürsten von Gottes Gnaden kamen.

Das Bild war einfach und einprägsam. Die politische Autorität der Fürsten gehe auf die väterliche Gewalt Adams zurück, dem diese von Gott übertragen worden war und als dessen Erben man die Fürsten zu achten habe. Welch wunderbar schöne, einfache und ordentliche Welt – zumindest für die, die oben waren! Dies galt, bis in der Renaissance die Menschen anfingen, wieder selbst zu denken und ihre Vernunft zu gebrauchen. Galileo Galilei stellte das Weltbild vom Kopf auf die Füße. Er stieß die Erde vom Thron und die Sonne in den Mittelpunkt unseres Universums.

John Locke holte die Menschen aus dem hierarchisch strukturierten Universum heraus und betrachtete sie als Individuen, die mit natürlichen Fähigkeiten und Rechten begabt sind. Für diese wollte er jetzt das Bild eines Staates kreieren, der das friedliche und gerechte Zusammenleben freier Bürger ermöglichen sollte. Hauptaufgabe des Staates ist es, so war seine Vorstellung, das wesentliche Grundrecht seiner Bürger zu schützen: ihr Selbst-Erhaltungs-Recht.

In seinem Staat soll ein »Government of laws, not of men« herrschen. Die Menschen vereinen sich freiwillig in einer Gemeinschaft und bilden einen Organismus, einen »body politic«. Der Einzelne gibt dann nur so viel Macht an die politischen »Organe«, wie es für das Gemeinwohl notwendig ist.

»Vater Staat« ist nach den Vorstellungen von Locke erst dann ein wirklich guter Vater, wenn er seine Bürger nicht wie unmündige Kinder behandelt und auch nicht mit aller Macht zu unmündigen Kindern machen will, sondern wenn er ihnen dabei hilft, erwachsen zu werden. Sie sollen als mündige Bürger ihm und seinen Organen sozusagen auf gleicher Augenhöhe begegnen und sich im Leben selbständig bewegen, bewähren und auch wachsen können. Ein Staat, der seinen Bürgern erzählt, er kümmere sich um alles: Ausbildung, Versorgung bei Krankheit, Arbeitslosigkeit und auch im Alter, macht dies nicht aus Verantwortungsbewusstsein, sondern aus Selbstsucht, ähnlich wie Eltern, die ihre Kinder immer klein halten wollen.

John Locke, Rousseau und Kant, die in Europa für den mündigen Menschen gekämpft haben, würden sich im Grabe umdrehen, wenn sie heute Deutschland sehen könnten. Sie alle rufen uns zu: »Wenn ein Staat 50 Prozent seines Bruttosozialprodukts durch seine Hände lenken will und seine Bürger mit Überregulierung und Sozialbürokratie lähmt, dann handelt er unsozial. Er unterdrückt das Selbst-Erhaltungs-Recht des Einzelnen. Er bringt es nicht zur Entfaltung, sondern er lässt es verkümmern. Er bricht den Stolz seiner Bürger, demütigt sie, macht sie zu Bittstellern, Antragstellern und zu Abhängigen vom Mittagstisch des Vaters Staat.«

Immanuel Kant spricht ganz besonders eindringlich: »Fürsorge wird hier hemmungslos als Instrument der Entmündigung missbraucht! Es genügt nicht, dass ihr in Deutschland eurer Jugend eine gute Ausbildung gebt. Das gelingt euch vergleichsweise gut.«

Da fällt ihm John Locke ins Wort: »Ein guter Vater Staat muss ab und zu auch mal seine Frau und die Großmutter mächtig zügeln, wenn sie sich als ›Tarifparteien‹, Dressur-Parteien, Entmündigungs-Partner und Misstrauens-Instanz gebärden, statt das Erwachsen-Werden der ihnen anvertrauten Menschen zu fordern und zu fördern. Die Gewerkschaften sollten sich«, John Locke bekommt ganz leuchtende Augen bei diesem Gedanken, »nur um ein Beispiel zu nennen, in Fitness-Berater verwandeln, die aufzeigen, wie ihre Mitglieder am Weltmarkt der Arbeit zukunftsfähig ihre Frau und ihren Mann stehen können. Zukunftsfähigkeit ist das Wichtigste, was ein Bürger braucht.«

Jean-Jacques Rousseau konnte sich nicht mehr zurückhalten: »Ihr dürft Menschen nicht zu fetten Hauskatzen denaturieren, sie träge, bequem und abhängig machen. Solche Katzen können sich ohne fremde Hilfe nicht mehr natürlich ernähren. Sie werden aggressiv, fordernd und hinterhältig, insbesondere wenn sie ihre Milch mal nicht gewohnheitsmäßig bekommen. Und dann sagt der Vater Staat auch noch: ›Sie sind aber sehr undankbar!‹«

Und wenn sie nicht gestorben sind, dann knurren sie noch heute.

Vom deutschen Vermögen

Es war einmal ein großer Unternehmer, der lebte vor hundert Jahren in den USA: Henry Ford. Er sprach gerne von seinem »Vermögen« und meinte damit seine Fließbänder, seine Fabrikhallen, die die Fließbänder trocken hielten, und sein Geld, mit dem er sich die vielen ungelernten Tagelöhner aus Europa billig kaufen konnte. Für ihn war »totes Vermögen« mehr wert als »lebendiges Vermögen«.

Es waren einmal kurzsichtige deutsche Politiker, Banken und Manager, die diese Gedanken blindwütig auf ihre qualifizierten Menschen in den Unternehmen übertrugen. Und dann logen sie noch, ohne rot zu werden. Überall hört man: »Bei uns ist der Mensch Mittelpunkt.« Doch in Wirklichkeit ist der Mensch nur ein Mittel•(Punkt)!

In den Geschäftsberichten sehen wir vorne tolle Bilder von

lachenden Mitarbeiterinnen und Mitarbeitern. Aber hinten, bei den »harten Fakten«, finden wir den Stuhl eines Ingenieurs als Aktiv-Posten im Vermögen. Die Stühle sind ja auch so richtig aktiv! Sie verdienen das Geld für die Firma?! Der Ingenieur aber steht nur als Kosten in der Gewinn- und Verlustrechnung.

Die deutschen Manager trimmen dann die Unternehmen so richtig auf Fitness, indem sie Tausende von Stühlen kaufen und gleichzeitig alle Ingenieure entlassen. Dann stimmt die Bilanz zwar für die Erbsenzähler und Banken. Die Bilanz des Sozialstaats gerät aber völlig aus den Fugen. Wann begreifen die Politiker endlich, dass der Begriff »Vermögen« in Deutschland mit seiner echten und wahren Bedeutung schon vor Henry Ford existierte: Das Vermögen ist das, was ein Mensch vermag. Das Vermögen eines Unternehmens ist das, was die Menschen vermögen. Dabei sollte das Ganze mehr sein als die Summe der Teile.

Wann ändern endlich die deutschen Politiker die Bilanzrichtlinien und erklären die Menschen zu Vermögen und die Maschinen zu Kosten? Was in den USA vor hundert Jahren gut war, muss doch nicht heute in Deutschland auch gut sein. Wir liegen auf dem Weg in die Wissensgesellschaft des 21. Jahrhunderts gut im Rennen. Wir bremsen uns aber selbst durch gigantische Fehlsteuerung von menschlicher Energie, Lebensfreude, Kompetenz, Geld und auch politischer Kraft. Wir fahren in den Unternehmen mit zwei angezogenen Handbremsen. Wann aktivieren wir endlich in Deutschland unser Humanvermögen und heben das Gold in den Köpfen unserer Menschen?!

Und wenn wir noch so weitermachen, dann sterben wir so langsam vor uns hin.

Über die Zukunft

Die einzige Begrenzung, das Morgen zu verwirklichen, werden unsere Zweifel von heute sein. Franklin D. Roosevelt

Je genauer du planst, desto härter trifft dich der Zufall.
Peter Cord

Irrlehren der Wissenschaft brauchen fünfzig Jahre, bis sie durch neue Erkenntnisse abgelöst werden, weil nicht nur die alten Professoren, sondern auch deren Schüler aussterben müssen. Max Planck

Mit Träumen beginnt die Realität.
Daniel Goeudevert

Alt ist man dann, wenn man an der Vergangenheit mehr Freude hat als an der Zukunft. John Knittel

Das Merkwürdige an der Zukunft ist die Vorstellung, dass man unsere Zeit einmal »die gute alte Zeit« nennen wird.
Ernest Hemingway

Der einzige Weg, die Zukunft zu beeinflussen, besteht darin, Versprechen zu machen und diese einfach einzulösen.
Hannah Arendt

Vom Ende des Kapitalismus

Es gab einmal eine Zeit, da brauchte man viel Land, um viel Geld zu verdienen. Das war die Blütezeit des Adels. Dann folgte die Zeit der Stahl- und der Ölbarone. Bodenschätze waren die Quelle des Gewinns.

Mitte des 19. Jahrhunderts wurde das Geld, das Kapital als wichtigster Faktor entdeckt, um Geld zu erzeugen. Die großen Automobil- und Chemie-Fabriken sind heute der Höhepunkt dieser Ära, in der die Menschen nur ein lästiges Anhängsel der Maschinen sind. In Zukunft, zum Teil auch schon heute, kann man ohne großen Kapitaleinsatz und ohne Bodenschätze oder Land viel Geld verdienen. Wissen und die Wissensträger, die Menschen, werden verstärkt zur Geldquelle, die nie versiegt. Wissen, welch ein Geschäft! Man hat es. Man verkauft es. Und man hat es dann immer noch. Es nutzt sich durch Gebrauch nicht ab, sondern wird dadurch sogar noch wertvoller.

Intellektuelles Kapital geht dort hin, wo es sich entfalten und wachsen kann. Es wird dort bleiben, wo es gut behandelt wird, es kann nicht eingekauft, eingestellt, angestellt oder gemanagt werden. Es lässt sich nur durch eine attraktive Unternehmenskultur anziehen. Eine positive Perspektive für uns alle: Nicht Geld wird die Welt regieren, sondern Wissen und Weisheit.

Und wenn sie nicht sterben, dann werden sie immer weiser.

Tradition und Innovation

»No, Sir, die Amerikaner brauchen vielleicht das Telefon, wir aber nicht. Wir haben doch genug Messenger Boys.« So reagierte 1896 Sir William Preece, Chef-Ingenieur der britischen Post, als Graham Bell ihm die praktische Verwendbarkeit des Telefons demonstriert hatte. Innovation und Tradition werden oft als Gegner im Ring der Geschichte gesehen. Innovation steht für Wandel, Veränderung, Zerstörung, ja sogar Revolution. Mit Tradition verbinden wir Stabilität, Starrheit, aber auch Blockade und Unterdrückung. Wenn wir allerdings zu den Wurzeln der Worte zurückgehen, entdecken wir eine interessante Verbindung. Das Wort »Innovation« stammt aus der Landwirtschaft und bezeichnet das Erneuern (lat.: innovo) des Baumes durch die neuen Jahrestriebe. Innovation schafft Neues und übergibt dabei das Know-how (gewusst wie) des Lebens: wie Blätter, Blüten, Früchte und die neuen Äste entstehen. Innovation ist also nicht die blinde Zerstörung von Bewährtem. Der Begriff »Tradition« stammt aus dem 16. Jahrhundert und leitet sich ab aus dem lateinischen »trans-do«: weitergeben. Tradition ist das Weiterreichen des Feuers und nicht das Anbeten der Asche.

Innovation und Tradition, Wandel und Stabilität, sind das wirklich Gegensätze? Ist nicht ihre gelungene Symbiose die Quelle von Wachstum und Leben? Der Baum ist dafür ein gutes Bild: Die Wurzeln und der Stamm sichern Statik und Stabilität. Blätter, Blüten und Früchte stehen für Wandel und Dynamik. Und alles zusammen, das ist Leben.

Das Märchen von den Kretern

Es lebte einmal auf Kreta das Volk der Minoer. Ihr Reichtum bestand aus wunderbaren Zedernwäldern, deren Harz sie teuer verkaufen und aus deren Holz sie tolle Schiffe bauen konnten.

Als die Priester eine Richtlinie einführten, dass die Häuser für Tote aus Stein und die Häuser für Lebende aus Holz zu errichten seien, zeigten sich auf Kreta bald die ersten kahlen Berghänge. Die Vorschläge einiger Weitsichtiger, auch die Häuser für die Menschen aus Stein zu bauen, wurden von den Normenhütern als Angriff auf ihre hierarchische Stellung und als Gotteslästerung abgeschmettert. (Das griechische Wort »hierarchia« bedeutet: Priesteramt, göttliche Ordnung.)

Als die Wälder abgeholzt waren, musste man schließlich doch in Steinhäusern wohnen. Leider gab es jetzt auch kein Holz mehr für die Flotte und kein Harz mehr zum Verkaufen. Und die Minoer wurden von den Mykenern unterworfen.

Und weil sie doch nicht frieren wollten, krochen sogar die Priester in die warmen Häuser aus Stein.

Ewiges Leben

Es war einmal ein indischer König. Gefolgt von seinem Hofstaat beobachtete er einen alten Mann, der bei großer Hitze auf dem Feld arbeitete. Mit gekrümmtem Rücken pflanzte er Stecklinge.

»Was machst du da?«, fragte der König. »Ich pflanze Nussbäume«, antwortete der Greis. Der König wunderte sich: »Du bist schon so alt. Wozu pflanzt du dann noch Stecklinge? Du kannst ihr Laub nicht mehr sehen. Du kannst in ihrem Schatten nicht mehr ruhen. Auch ihre Früchte wirst du nicht mehr essen.« Der Alte richtete sich auf, schaute dem König in die

Augen und sprach mit großem Ernst: »Die vor uns kamen, haben gepflanzt, und wir konnten ernten. Wir pflanzen nun, damit die, die nach uns kommen, auch ernten können.«

Sprach's und pflanzte weiter seine Stecklinge.

Ein Europa-Märchen

Silvester 2015. Die Vereinigten Staaten von Europa feiern ihr 49. und 50. Mitglied. Besonders knallen die Sektkorken in den neuen EU-Staaten »Schottland« und »Lombardei«. Die EU beweist wieder einmal ihre phantastische Fähigkeit, jahrhundertealte Problemfälle zu lösen, ohne in Kleinstaaterei zurückzufallen. Im gemeinsamen Haus »Europa« müssen erwachsene Kinder nicht mehr unbedingt bei den Eltern wohnen. Schließlich haben sie ein Recht auf ihr eigenes Leben, und Zimmer gibt's ja genug. Bevor man neue Familien in das Haus holt, nutzt die Hausgemeinschaft erst einmal die Gelegenheit, um unnötige Familienzwiste zu vermeiden, wie zum Beispiel zwischen England und Schottland, und auch um unnötige Umverteilungsbürokratien aufrechtzuerhalten, wie in Italien. Für die Weiterleitung der Gelder von der reichen Lombardei in das arme Sizilien braucht man keinen aufwändigen Beamtenapparat in Rom. Diese Zahlung kann Brüssel gleich mit übernehmen, zusammen mit den anderen Subventionen der EU.

Einen Schock hatte es gegeben, als dann die deutsche Bundesregierung in der neuen Hauptstadt Berlin Platz genommen hatte: Plötzlich bemerkte man einen großen Planungsfehler. Man hatte vergessen, drei oder vier Golfplätze im Regierungsviertel zu bauen, auf denen all die Bundesbeamten ihre Zeit beim Golfspielen verbringen konnten. Denn sie wurden nicht mehr gebraucht! Die Wirtschaftspolitik machte Europa, die Finanzpolitik wurde von Brüssel und Frankfurt gesteuert, die Verteidigungspolitik von der Nato und die großen Forschungsprojekte bekamen europäische oder sogar globale Dimensionen. Nur die großen Weltkonzerne sorgten noch für etwas Beschäftigung, wenn sie Bundespolitiker für eine Festrede engagierten.

Anders war es in den Bundesländern, die sich bürgernah um Bildungssicherheit und lokale Aufgaben kümmerten. Das führte schon im Jahr 2010 dazu, dass Bayern den Antrag auf eine eigene Wohnung stellte, gemeinsam mit Nordrhein-Westfalen. Die beiden erwachsenen Kinder waren flügge geworden und bezogen 2012 ihre Apartments direkt nebeneinander. Nicht eine gemeinsame Wohnung – das wäre dann doch zu weit gegangen.

50 Bundesstaaten in Europa? Undenkbar? Warum, schließlich leben in den Vereinigten Staaten von Amerika auch 300 Millionen Menschen – in 52 Bundesstaaten!

Die Renaissance der Persönlichkeit

Es wird einmal, so beginnt dieses Märchen, eine große Zukunftskonferenz geben. Das »Bündnis für Arbeit« präsentiert seine zukunftsweisenden Ergebnisse. »Wirklich revolutionär!« »Endlich der Durchbruch!« So sind die ersten Kommentare der Presse. Alles, was Rang und Namen hat, fährt am Morgen des denkwürdigen Tages am Konferenzhotel vor. Die Lenker der führenden Konzerne, der Bundeskanzler, die Spitzen der Gewerkschaften, Arbeitgeberverbände und der Kultusbehörden. Die Weltpresse lässt sich dieses Ereignis nicht entgehen, zumal als Eröffnungsredner kein anderer als Frederick Winslow Taylor auf dem Programm steht. Er ist extra noch einmal aus dem wohlverdienten Ruhestand gekommen, nicht um seine bahnbrechenden Arbeiten zu Grabe zu tragen, sondern den Missbrauch seines Modells.

Knisternde Spannung, als Taylor ans Rednerpult tritt. Seine Stimme ist sanft, kein bisschen kämpferisch, aber überzeugend. Die Weisheit des Alters. Sein Amerikanisch ist etwas gewöhnungsbedürftig, aber er zeichnet mit bildhafter Sprache die Arbeitswelt von vor genau hundert Jahren: »Mit großen Schiffen wurden die in Europa angeworbenen Arbeiter zu uns gebracht. Ausgezehrt von den Strapazen, ohne englische Sprachkenntnisse und vor allen Dingen ohne jede Handwerksausbildung.

So kamen die ehemaligen Bauern aus Russland, Italien, Deutschland, Polen, Frankreich usw. in die Fabriken meines Freundes Henry Ford. Und auch in die anderen Werkshallen. Wir hatten alles gut vorbereitet und organisiert. Sie mussten sich nur an eine ›Stelle‹ am Fließband stellen. Ich glaube, sie benutzen den Begriff noch heute. Nur sitzt man jetzt auf einer Stelle am Büro-Fließband. Und dann mussten sie ihre einfachen Handgriffe tun. ›Arbeite, red nicht!‹ ›Arbeite, denk nicht!‹ In großen Lettern standen überall diese Ermahnungen.

Stellen Sie sich nur einmal vor, diese ehemaligen Bauern hätten beim Autobauen angefangen zu denken – unvorstellbar. Fürs Denken, Anweisen und Kontrollieren hatten wir unsere Weißkittel, die Vorarbeiter. Das waren ehemalige Gesellen, die verstanden ihr Handwerk. Und als Abteilungsleiter hatten wir richtige Meister. Die bekamen als Know-how-Träger natürlich mehr Geld als die Tagelöhner. Ich habe das damals in zwei Sätzen zusammengefasst: ›Weißkittel sind mehr wert als Blaukittel‹. ›Führen ist mehr wert als Ausführen‹. Das Letzte galt natürlich nicht in unseren Entwicklungsbereichen. Da waren ja alle gut ausgebildet. Und ein toller Ingenieur verdiente oft viel mehr als sein Chef.

Henry Ford und ich waren damals richtig stolz über unser soziales Werk, das wir getan hatten. Und wir sind es heute immer noch! Wir gaben Menschen, die zu Hause ohne Brot und Zukunft waren, bei uns Arbeit und Lohn. Sie konnten jetzt sich und ihre Familien ernähren. So kam der Wirtschaftskreislauf in den USA richtig in Schwung. Durch unsere tolle Fließbandorganisation konnten sie ohne jegliche Ausbildung sogar Autos bauen. Natürlich unter strenger Aufsicht und mit viel, viel Kontrollen und Hierarchie-Ebenen. Uns war zwar bewusst, dass das fürchterlich teuer war, aber durch den hohen Ausstoß von unserer Tin Lizzy rechnete sich das doch noch. Sie hier in Deutschland brauchen diesen teuren Overhead natürlich nicht, weil Sie ja gut ausgebildete Leute in Ihren Fabriken und Büros haben.

Eines lag mir damals besonders am Herzen. Darin sah ich meine ganz persönliche Aufgabe. Ich wollte die wirklich gerechte Entlohnung. Sie müssen sich die Umstände damals vor Augen führen. Jedes Mal, wenn ein neues Einwandererschiff kam, rutschten die Löhne für die Arbeiter in den Keller. Ich habe deshalb die objektive Messung von Arbeit eingeführt: ›Gleicher Lohn für gleiche Arbeit‹. Das exakte Messen ging natürlich nur bei Einfachtätigkeiten. Dazu habe ich viele vergleichende Arbeitsstudien gemacht: Wie viele Schaufeln Sand kann ein Arbeiter im Durchschnitt bewegen, wie viele Schrauben einsetzen, wie viele Nieten pressen, wie viele Steine tragen. Bei komplexen Tätigkeiten versagte das System zunächst. Wir mussten diese erst in Kleinst-Schritte zerlegen, die dann am besten von ganz engen Spezialisten ausgeführt wurden. Arbeiter mit dünnen Fingern konnten am besten Schrauben drehen und kräftige Männer am besten Steine tragen. Wenn Sie wollen, finden Sie weitere Details in meinem Buch über ›Die Grundsätze wissenschaftlicher Betriebsführung‹, die Bibel der damaligen Wirtschaftswelt.

Aber das hat sich jetzt alles überlebt. Wie Sie heute noch hören werden, haben die führenden Professoren ein ›Gutachten zur objektiven Messung von Menschen‹ erstellt. In diesem wird wissenschaftlich nachgewiesen, dass von einem qualifizierten Menschen, der komplexe Tätigkeiten verrichtet, der vielleicht sogar Dienste am Kunden leistet, sogenannte Dienst-Leistungen erbringt, nur vier Größen ganz objektiv gemessen werden können:

- Die Größe des Menschen.
- Das Gewicht des Menschen.
- Das Alter des Menschen.
- Die Anwesenheit des Menschen in einem Raum.

Es gibt noch einen Gelehrtenstreit, ob Lautstärke, Sprechgeschwindigkeit und die Geschwindigkeit, mit der Akten umgeblättert werden, auch dazu gehören. Ich gratuliere Ihnen zu dieser Erkenntnis, die Sie eigentlich auch schon in meinem Buch auf Seite 49 nachlesen können. Denn dort steht: ›Dieses System soll man nicht bei ausgebildeten Mechanikern anwenden und auch nicht bei intelligenten Arbeitern, die lesen und schreiben können. Diese Menschen werden durch tödliche Routine verdummen und erstarren.‹

Ich freue mich sehr, dass Sie an diesem historischen Tag die richtigen Weichen in das neue Jahrtausend stellen und sich auf Ihre Stärken in Deutschland besinnen. Sie haben die Chance, die Kraft und die besten Voraussetzungen, als ›Know-how-AG‹ im globalen Dorf anerkannt zu sein: mit komplexen, Know-how-gefüllten Produkten und mit Know-how-basierten Dienstleistungen. Wissen, Erfahrung, Unternehmergeist und Ihre Fähigkeit, Komplexität zu bewältigen, – mit diesen Stärken Ihrer deutschen Bevölkerung werden Sie erfolgreich sein.«

Unter dem tosenden Beifall der Zuhörer übergibt er das Rednerpult an den Bundeskanzler, der ein Drei-Punkte-Programm und die wesentlichen Grundzüge des »Bündnisses für Arbeit« verkündet:

1. Gewerkschaften und Arbeitgeberverbände schließen sich zusammen und stellen als »Zukunfts-GmbH« ihren gemeinsamen Erfahrungsschatz allen Bürgern, den Führungskräften, den Behörden, den Parlamenten und natürlich den Bildungsinstitutionen zur Verfügung. Natürlich gegen Honorar, denn ihr Wissen ist viel wert. Auf Mitgliedsbeiträge wird verzichtet. Der Unternehmenszweck ist, Zukunftsszenarien über Chancen und Risiken des globalen Arbeitsmarktes für die Deutschen zu entwickeln und insbesondere die Bürger dabei zu beraten, wie sie am Weltmarkt der Arbeit zukunftsfähig werden und bleiben.

2. Die Bilanz- und Steuerrichtlinien werden geändert: Menschen sind jetzt das Vermögen, Maschinen und Immobilien

gelten als Kosten. Die Menschen in Deutschland werden als das wichtigste Wirtschaftsgut anerkannt, als das wirklich langfristige Vermögen der deutschen Volkswirtschaft. Denn ein Arbeitsleben dauert vierzig bis fünfzig Jahre, in dem es gilt, den Menschen »gut zu pflegen«, »in Schuss zu halten«, »zu modernisieren« und »auf dem neuesten Stand der Technik zu halten«, ganz wie wir es heute bei Maschinen gewohnt sind. »Lifelong Employment« ist nicht das Hauptziel dieses Bündnisses, sondern »Lifelong Employability«. Das Leben ist zu lang geworden für nur einen Beruf. So soll der Mensch in den Unternehmen »Mittelpunkt« werden und nicht nur »Mittel•(Punkt)«. Der Shareholder-Value steigt, wenn die Menschen mehr vermögen. Schließlich sind sie das Vermögen des Unternehmens.

3. Es wird ab jetzt die Person bezahlt, und nicht mehr die Stelle. Der Begriff »Stelle« im Sinne von »Ställe« wird abgeschafft. Der Mensch kommt jetzt nicht mehr in einen Stall, der beschrieben, bewertet, besetzt und bezahlt wird, sondern er übernimmt komplexe Aufgaben in hoher Eigenverantwortung. Die Arbeit wird in Zukunft nicht mehr feingliedrig zerlegt, sondern so organisiert, dass die Menschen »Gewerke« erstellen können – entweder alleine oder in Teams. Diese Arbeitsorganisation entspricht besser dem Qualifikationsstand der deutschen Bevölkerung und erlaubt insbesondere Qualifikationszuwachs, den wir für Lifelong Employability brauchen.

Deshalb wird auch der Begriff »Karriere« neu definiert. Karriere heißt jetzt, immer größere Komplexität gestalten zu können und dadurch immer größeren Kundennutzen zu stiften. Karriere wird Fitnessprogramm für den Weltmarkt der Arbeit.

Der Kanzler schließt seine Rede mit sehr bewegten Worten, die er an Herrn Taylor richtet: »Sehr geehrter Herr Taylor. Sie beschrieben vor hundert Jahren in Ihrem Buch die Auswirkungen Ihres Modells sehr eindringlich. Ich darf Sie zitieren: ›Bisher stand die Persönlichkeit an erster Stelle – in Handel und Handwerk. In Zukunft wird die Organisation und das System an die erste Stelle treten.‹ Nach hundert Jahren brauchen wir jetzt wieder Persönlichkeiten, die für ihre Kunden, ihr Unternehmen, ihre Familie, ihr Land und besonders für sich selbst etwas unternehmen. Dies sollen sie ab jetzt auch können und dürfen. Hiermit setze ich unser Drei-Punkte-Programm in Kraft. Wir geben ihm auch einen neuen Namen: ›Bündnis für Wandel und Zukunftssicherung‹. Wir brauchen und wollen die Renaissance der Persönlichkeit.«

Und wenn sie nicht gestorben sind, dann klatschen sie noch heute.

Der Tanz der Delfine

Das ungewöhnliche Schauspiel vor den Stränden von Neuseeland zog viele Neugierige an. Wie ein Lauffeuer hatte es sich herumgesprochen. Kurz vor Sonnenuntergang hatten plötzlich Delfine begonnen, im Kreis zu schwimmen, direkt vor der Küste. Erst waren es nur wenige, dann Hunderte, dann unzählige entlang der ganzen Küste. Das Licht der untergehenden Sonne reflektierte an ihren Rückenflossen. Es ließ ihre Körper glänzen, die in eleganten Wellenbewegungen durchs Wasser glitten. Sie schienen zu tanzen, im gleichen Rhythmus. Und ihre Pfeiftöne gaben den Takt.

Die Menschen klatschten Beifall. Ein Mädchen flüsterte seinem Freund ins Ohr: »Lass uns auch tanzen!« Bald übernahmen alle den Rhythmus und begannen miteinander zu tanzen. Eine unglaubliche Stimmung, eine traumhafte Harmonie von Delfinen und Menschen. Und allen machte es richtig Spaß.

Das lokale Fernsehen versuchte, diese Stimmung einzufangen. Die Bilder gingen um die Welt. Erst nur aus Neuseeland. Dann zeigte aber auch das japanische Fernsehen Bilder von tanzenden Delfinen. Aus dem Pazifik meldeten Schiffe, dass sich eine riesige Menge von Schwertwalen versammelte. Sie alle schwammen im Kreis. Anmutig und elegant hoben und senkten sich ihre riesigen Finnen im Mondlicht wie die Pferde eines Kinderkarussells.

Die Meldungen überschlugen sich. Aus der ganzen Welt wurden die gleichen Phänomene bestätigt. Sonare zeigten, dass Wale an den verschiedensten Orten der Ozeane simultan Laut gaben. Satellitenbilder bestätigten die kreisförmigen Tänze von Walen und Delfinen rund um den Globus. Die Welt erschauerte unter dieser Synchronizität. Die Menschen hatten nur noch ein Thema auf der ganzen Erde. Sie waren in einer globalen Euphorie mit tollen Kommentaren über die Kraft der Gemeinsamkeit. »Wenn alle Tropfen zusammenfließen, bildet sich eine Flutwelle, die nichts und niemand aufhalten kann.« »Kann ich vielleicht als Einzelner viele Menschen gleichsam in Resonanz versetzen und große Veränderungen bewirken wie der Schmetterling, der einen Wirbelsturm auslöst?« »Können wir vielleicht mit der Kraft einer guten Idee synchrone Schwingungen anregen, die die ganze Welt erfassen und die

Welt lebens- und liebenswerter machen?« Sie erlebten die gigantische Welle eines gemeinsamen Rhythmus. Sie spürten die erste Ahnung eines globalen Bewusstseins, die Einheit in der Vielfalt – das Leben.

Ist dies ein Märchen oder Realität? Kennen wir schon heute vielleicht Phänomene der globalen Synchronizität? Erkennen wir schon heute Wirkungen solch synchronen Handelns? Betrachten wir doch ein paar Beispiele, auch wenn sie sehr banal klingen:

- Tanzen wir nicht schon heute weltweit nach denselben Rhythmen von den Beatles, Madonna oder Michael Jackson?
- Arbeiten wir nicht schon heute weltweit im selben Rhythmus, mit Intel inside, Windows oder Office?
- Sprechen wir nicht schon heute weltweit über dieselben Themen, dank CNN, Reuters und den globalen Börsennachrichten?
- Sind wir nicht schon heute weltweit miteinander verbunden, dank Internet, Nokia oder der Weltsprache Englisch?

Die Leser, die alt genug sind, noch die »Fox-tönende Wochenschau« erlebt zu haben (einmal in der Woche was Neues – aber nur, wenn man ins Kino ging), die können sich auch noch an den Beginn der »Tagesschau« erinnern (einmal am Tag was Neues – aber nur, wenn man sich einen Fernseher leisten konnte). Und die sehen heute CNN, die »Sekundenschau«. Diese Leserinnen und Leser über fünfzig können vielleicht ermessen oder erahnen, welchen Weg wir schon gegangen sind. Die Jüngeren können vielleicht ermessen oder erahnen, welchen Weg wir noch zu gehen haben: zu einem globalen Bewusstsein, zur Einheit in der Vielfalt, zum gemeinsamen Leben.

»Am ersten Tag deutete jeder auf sein Land. Am dritten oder vierten Tag zeigte jeder auf seinen Kontinent. Ab dem fünften Tag achteten wir auch nicht mehr auf die Kontinente. Wir sahen nur noch die Erde als den einen, ganzen Planten.«

Sultan Ben Salam Al Saud (Königreich Saudi-Arabien)
1984 nach seinem Raumflug
mit einem Kubaner und einem Russen

Über die Globalisierung

Stellen wir uns die Erde als kleines Dorf mit 1.000 Einwohnern vor. In diesem Dorf leben 564 Asiaten, 210 Europäer, 86 Afrikaner sowie 80 Süd- und 60 Nordamerikaner. 300 der 1.000 Einwohner sind Christen, 183 Katholiken, 84 Protestanten, 33 Orthodoxe. 175 Einwohner sind islamischen Glaubens, 128 Hindus, 75 Buddhisten, 47 Animisten und 210 gehören keiner Glaubensgemeinschaft an. Bis hierhin macht das Dorf äußerlich einen ganz guten Eindruck – ein multikulturelles und multireligiöses Gemeinwesen. Aber wenn wir ein wenig näher hinschauen, sehen wir: In diesem 1.000-Seelen-Ort verfügen 60 Einwohner über 50 Prozent der gesamten Einkünfte. Die anderen 940 müssen die verbleibende Hälfte unter sich verteilen. 500 Einwohner leiden noch an Hunger, 600 leben in Slums und 700 können weder lesen noch schreiben.

Der eine wartet, dass die Zeit sich wandelt,
der andere packt kräftig an und handelt.

Eugen Roth

Jedes Land soll das herstellen, was es im Vergleich zu anderen am besten kann.
Wenn sich jeder spezialisiert, steigen Produktion und Einkommen.
Der freie Handel bringt dann Wohlfahrtsgewinne für jeden, der mitmacht.

David Ricardo (England, 1772–1823)

Wir vererben nicht die Erde an unsere Kinder;
wir haben sie nur von unseren Kindern geliehen.

Khalil Gibran

Alles, was ein Mensch sich vorstellen kann, werden andere Menschen verwirklichen.

Jules Verne

Ich – der Mittelpunkt der Welt

Abends, 20.00-Uhr-Nachrichten. Ich sehe es ganz deutlich: Ich lebe im Mittelpunkt der Welt: Deutschland in der Mitte von Europa, Europa in der Mitte der Weltkarte (als Zentrum zwischen Amerika und Asien). So sieht die Weltkarte aus hinter dem Nachrichtensprecher.

Ein paar Stunden später die 20.00-Uhr-Nachrichten in den USA. Das amerikanische »Ich« lebt auch im Mittelpunkt der Welt: rechts viel Wasser, dann ein kleines Europa und darunter etwas Afrika. Auf der anderen Seite wieder viel Wasser, dann ein kleines Japan, viel China und Indien. Israel – das ist irgendwo ganz am Rand.

Am nächsten Tag – 20.00 Uhr in Australien. Die Weltkarte hinter dem Nachrichtensprecher zeigt den fünften Erdteil natürlich als Mittelpunkt der Welt. Das Zentrum zwischen Afrika auf der linken Seite, Asien schräg darüber und rechts Amerika. Europa? Da muss man schon ein bisschen um die Ecke gucken.

Kurz darauf 20.00-Uhr-Nachrichten in China. Die nannten ihr Land schon immer »Reich der Mitte«. Welch ein Weitblick!

Ich – der Mittelpunkt der Welt, *meiner* Welt!

Schwarz oder weiß

Gott hatte gerade die Welt geschaffen. Sein Zeitplan war so eng, dass er nur zwei Farbtöpfe benutzte: schwarz wie die Nacht und weiß wie der Tag. Nach ein paar tausend Jahren fand er sein Werk richtig langweilig und ließ sich vom Regenbogen unzählige Farbtöpfe mit den schönsten Farben mischen. Freudig rief er alle Tiere und Menschen zu seinem Lieblingsort, dem Nabel der Welt im Zweistromland, ganz nahe bei dem heutigen Bagdad. Er wollte sich und der Welt die Farben schenken.

Zuerst kamen die Vögel geflogen, und Gott ließ seiner Phantasie freien Lauf. Besonders auffällig wollten immer die Männchen sein. Sie mussten ja für die Weibchen besonders attraktiv werden, sonst gingen sie leer aus. Dann kamen die vielen Tiere aus Afrika und Indien. Doch die hatten eine besondere Bitte an Gott: »Nicht zu bunt, sonst sieht uns der Löwe sofort.« Der Löwe wollte es dann auch lieber gedeckt. Allerdings mit einem großen Pelzkragen, damit er den Weibchen so richtig imponieren konnte. Gott war ein bisschen traurig, hatte er sich doch so tolle Farben ausgedacht. Endlich kamen die Fische aus dem Indischen Ozean – Tausende, ja Millionen Fische. Und jetzt schaffte Gott sein Meisterwerk. Farbenfroher ging es wirklich nicht mehr.

Mitten in seiner Arbeit fiel ihm plötzlich ein: »Wo bleibt denn eigentlich die Krönung meiner Schöpfung?« Bei den Menschen hatte es ein großes Problem gegeben. Als die ersten Vögel zurückgekommen waren und die bunten Männchen ihre Weibchen umwarben, da sagten alle Männer auf der Welt: »Wir gehen da nicht hin und lassen uns anmalen wie einen Gockel. Wir sind doch Nachfolger Adams, und die Frauen sind uns untertan. Wozu sollen wir für sie so attraktiv sein. Die sind doch unser Besitz! So sagen es ja auch die Priester.«

Die Frauen aber fanden Gottes Idee ganz toll. Und da sie sowieso bestimmten, was zu Hause läuft, fingen nach und nach alle Völker an, sich auf die Reise zu machen. Zuerst waren die

Völker aus Afrika bei Gott und wollten »etwas Farbe, aber nicht zu viel bitte«. Mit überschwänglicher Freude begrüßte Gott die ersten Menschen, die er nun von ihrem bleichen Aussehen befreien konnte. Er griff zum Pinsel – und erschrak. Sämtliche Farbtöpfe waren leer! Sichtlich erschüttert wandte er sich an die Menschen: »Ihr kommt leider zu spät. Es waren schon Millionen Vögel hier und noch mehr Fische.« Dann kratzte er aus allen Töpfen die Reste zusammen: Es wurde dunkelbraun. Geduldig warteten die Menschen aus Afrika, bis jeder seine Farbe bekommen hatte. Sie bedankten sich und liefen froh nach Hause. Dann waren auch die Inder angekommen. Bei einigen konnte Gott noch voll in den Farbtopf langen. Aber dann musste er immer stärker verdünnen. Bei den vielen Chinesen reichte es nur noch für einen schwachen Teint.

Als die Bewohner Amerikas von ihrer langen beschwerlichen Reise erzählten, wollte er für sie etwas ganz Besonderes tun. Er gab ein paar Tropfen seines Blutes in den Farbtopf. Das machte die Rothäute so richtig stolz.

Erschöpft setzte sich Gott und wischte sich den Schweiß von der Stirn: »Das ist ja gerade noch mal gut gegangen«, stöhnte er und wollte ein Nickerchen machen. Da hörte er ein lautes Geschrei: »Nicht einschlafen, Gott. Wir kommen aus Europa. Wir sind die Ersten. Unsere Fürsten hatten uns verboten zu kommen. Die Farbenpracht sei nur was für den Adel und die Kirchenfürsten, aber nichts für die Untertanen. Das machen die nur, damit sie unseren Frauen imponieren können. Aber wir wollen auch Farbe. Bitte hilf uns!«

Gott kamen fast die Tränen: »Ihr kommt zu spät. Ich habe nichts mehr. Seht selbst. Alle Töpfe sind leer, völlig leer.« Die armen Europäer taten ihm sehr, sehr leid. Zu Hause die Unterdrückung durch Adel und Kirche, dann der lange Weg und jetzt keine Farbe. Auf allen Gesichtern stand blanke Verzweiflung. Selbst bei Gott. Doch plötzlich hellte sich seine Miene auf und seine Augen blitzten vor Freude: »Ich habe ja noch die Pinsel! Das reicht zwar nicht für eure Körper, aber vielleicht für die Haare.« Vorsichtig wischte er die Pinsel auf den Köpfen der Europäer sauber. Hier etwas gelb, dort etwas rot oder braun. Das wenige Blau und Grün benutzte er für die Iris der Augen.

Seit dieser Zeit waren die Europäer stolz auf ihre vielfältigen Haar- und Augenfarben. Leider wurde später aus dem Stolz Überheblichkeit. Und ihr Neid auf die Menschen mit viel Farbe kippte um in Rassismus. Gott betrachtete die Entwicklung mit Bestürzung. Als Reaktion schenkte er den Menschen, die zuerst bei ihm waren, viele Kinder und viel Ausdauer, viel Kraft und viel Mut. Als das nicht reichte, schickte er ihnen große Männer wie Nelson Mandela, Martin Luther King, Häuptling Seattle, Mahatma Gandhi oder Dalai Lama und zwei große Frauen: die Weisheit und die Wirtschaftskraft. Alles in der Hoffnung, dass die Weißen sie endlich akzeptieren – als Schwestern und Brüder in der einen Familie, in der einzigen Menschheit.

Und wenn wir nicht gestorben sind, dann werden auch die Weißen noch weise und lernen, dass die Wirklichkeit nicht schwarz oder weiß ist. Sie ist auch nicht grau. Sie ist bunt, farbig und farbenfroh.

Das Märchen vom ungerechten Globus

Es lebte einst ein Philosoph und Staatsmann in Frankreich mit dem Namen Charles-Louis de Montesquieu. Der beschrieb in seinem Buch »Geist der Gesetze«, wie ungerecht der Globus sei: »In den Nordzonen begegnen wir Völkern mit wenig Lastern, genügend Tugenden, viel Ehrlichkeit und Offenheit. Nähern wir uns den Ländern des Südens, so haben wir den Eindruck, dass wir uns von der Moral selber entfernen: Lebhaftere Leidenschaften vermehren die Verbrechen. Jeder versucht, all die Vorteile über die anderen zu gewinnen.« Deshalb, so folgert er, können die Länder des Südens wirtschaftlich nicht so erfolgreich sein.

Außerdem seien die Menschen im Süden wegen der Hitze fauler. »Die Abspannung greift alsbald auf den Geist über: keinerlei Neugier, keinerlei hochherzige Unternehmung. Alle Neigungen bleiben passiv. Nichtstun ist ihr Glück. Die Knechtschaft ist nicht so unerträglich wie die zur Selbständigkeit notwendige Geistesstärke.«

Dann wundert aber die Tatsache, dass wir Deutschen eine panische Angst vor der Selbständigkeit haben und lieber in die »Sklaverei« flüchten – in Großkonzerne oder Behörden. Die »faulen« Südländer dagegen eröffnen Pizzerien, Kebab-Läden, Änderungsschneidereien und Obstgeschäfte mit wunderbaren Früchten und freundlicher Bedienung.

Ist Montesquieus Klima-Ökonomie nur ein Märchen? Oder liegt das alles nur an der Globalisierung? Die stellt auch wirklich alles auf den Kopf! Vielleicht sind es auch die Klima-Anlagen, die es den Indern erlauben, Software zu einem Bruchteil unserer Kosten zu entwickeln.

Und weil wir uns nicht ändern wollen, werden wir jetzt ein Gesetz erlassen, das alle Klima-Anlagen in heißen Ländern verbietet. Damit wir weiter ruhen können.

Der kleine Prinz oder: Wie viel Globalisierung verträgt der Mensch?

Es war einmal der kleine Prinz. Er lebte ganz allein auf seinem kleinen Planeten und genoss seine Sonnenauf- und -untergänge. Eines Nachts hatte er einen Traum. Er sah seinen Planeten aus der Ferne: eine leuchtend blaue Kugel, ganz zart und zerbrechlich mit weißen Federwolken. Ein wunderbarer Anblick. Morgens wachte er auf und sah dasselbe Bild im Fernsehen, im Internet und sogar in der Buchhandlung. Es war gar kein Traum!

In der nächsten Nacht träumte er wieder von seinem Planeten. Diesmal war es ein richtiger Albtraum. Auf seinem kleinen blauen Planeten sah er viele Menschen, wahnsinnig viele Menschen. Dicht gedrängt standen sie auf seinem Planeten. War er nicht alleine? Schweißgebadet wachte er auf und schaute ins Fernsehen. Auch da sah er die vielen Menschen. Er war wirklich nicht allein auf seinem Planeten. 6.500.000.000 andere Menschen waren auch noch da!

Sein nächster Traum machte ihn glücklich. Weil sein blauer Planet so klein war, erkannten nicht nur die Mächtigen, wie alles voneinander abhängt: das Klima, die Atmosphäre, die Fischschwärme, die Sauberkeit des Wassers, die Wirtschaftsräume und die Religionen. Das Fernsehen half dabei, dass jeder Mensch die Zusammenhänge erkennen konnte. Am Morgen las er dann in der Zeitung über das Protokoll von Kyoto und sah die Begegnung aller Nationen bei den Olympischen Spielen. Das alles bestätigte seinen Traum. Er strahlte vor Glück.

Abends wartete er schon ganz gespannt auf seinen nächsten Traum. Aber der war wieder schrecklich. Eine Fabrik in Europa wurde mit einem Riesenhelikopter hochgehoben und 10.000 Kilometer nach Osten geflogen. Dort übernahmen Asiaten den Job – für ein Zehntel des westlichen Lohnes. Er sprang aus dem Bett, öffnete den Vorhang und erstarrte. Sein Traum war gar kein Traum, er war Wirklichkeit. Und die Presse hatte auch einen Namen für diesen Wanderzirkus: Globalisierung!

Am nächsten Abend ging der kleine Prinz gar nicht zu Bett. Er hatte panische Angst zu träumen. Aber ganz spät in der Nacht übermannte ihn doch der Schlaf und in seinem Traum konnte er diesmal durch Mauern gehen und fliegen. Er konnte alles sehen, was auf seinem Planeten passierte. Dank Internet und CNN blieb ihm nichts mehr verborgen. Er war überall dabei – in dem Moment, in dem es geschah. Allwissend und allgegenwärtig. Er kam sich vor wie Gott. Es gab keine Geheimnisse mehr für ihn. Phantastisch! Er fühlte sich richtig groß. Auch die mächtigsten Staatslenker der Welt hatten keinen Informationsvorsprung vor dem »kleinen Mann«. Bei dieser Erkenntnis machte er einen Freudensprung: »Das ist ja Demokratie pur! Aha, das also ist Globalisierung!« Ganz euphorisch wachte er auf, machte den Fernseher an – und war live dabei, als die Zwillingstürme einstürzten. Der Präsident der USA erfuhr es in einer Schule, in einer kleinen Stadt zur selben Zeit wie die ganze Welt – von CNN. Als er sich von dem Schrecken etwas erholt hatte, surfte er im Internet und fand dort seine letzten Träume – auf seiner Homepage. Von Anfang bis Ende. Alles öffentlich. Keine Geheimnisse – keine Intimsphäre.

Der kleine Prinz war jetzt völlig verwirrt. Wenn er schlief, hatte er verrückte Träume. Und am nächsten Tag waren sie Wirklichkeit. Alles war so klar und doch so undurchsichtig. Alles war zu sehen, doch nichts war zu verstehen. Alles hing zusammen, aber nichts passte zusammen. Er kauerte sich in sein Bett und schlief ein. Sein Traum spiegelte den Tag wider. Der kleine Prinz im Dschungel – der Informationen, der Bilder, der Medien und der Netze. Wie Lianen hingen überall Telefonkabel, Computerkabel und Fernsehkabel. Alle wollten ihn fesseln.

Überall Geräusche, überall Augen, überall Bilder, überall Dickicht. Fast geriet er in Panik. In letzter Sekunde erscheint ihm ein bekanntes Bild: Er sitzt alleine auf seinem kleinen Planeten – mit seinen Vulkanen und seiner Rose. Diese Blume ist für ihn etwas Besonderes, weil er ihr all seine Aufmerksamkeit schenkt. In diesem Moment schenkt er seine Aufmerksamkeit nur sich selbst.

Er geht auf eine Reise – zu sich selbst. Schritt für Schritt. Und der Dschungel weicht zurück. Eine Lichtung entsteht. Er schafft sich eine Lichtung, seine Lichtung – im Dschungel der Globalisierung. Schritt für Schritt. Der erste Schritt: zu sich selbst kommen. Abschalten. Sich selbst wahrnehmen – als wahr annehmen. Das eigene Bedürfnis spüren. Die innere Stimme hören. Gedanken abschalten.

Der zweite Schritt: Fernseher abschalten, Computer abschalten, Handy abschalten. Spürbar weicht der Dschungel der virtuellen Bilder und Töne zurück. Ein tolles Gefühl.

Der dritte Schritt: Die eigenen Sinne spüren. Eigene Gefühle zulassen. Der kleine Prinz spürt wieder all seine Sinne. Nicht nur Sehen und Hören in der virtuellen Welt, sondern auch Riechen, Schmecken und Fühlen. Mit allen seinen fünf Sinnen die volle Realität des Lebens, seines Lebens, wahrnehmen.

Und plötzlich findet er wieder seinen sechsten Sinn, seine Intuition – die Intelligenz der Gefühle. Seine Orientierung auf seinem Lebensweg in seiner realen Welt.

Er spürt die Sonne, den blauen Himmel und die weißen Federwolken, ganz wie auf dem Bild des blauen Planeten. Er wird wach und ist tatsächlich auf einer hellen Lichtung, zusammen mit seiner Familie, seinen Freunden und seinen Nachbarn, in seiner Straße, in seiner Stadt. Hier ist sein Zuhause, seine Heimat.

Und wenn er einmal sterben wird, lebt sein Geheimnis weiter: Globalität braucht Urbanität, wie Yin das Yang, wie Außen das Innen – zwei Hälften eines Ganzen.

Das Märchen von der Globalisierung

Es gab einmal eine Zeit, so in den letzten zehn Jahren des zweiten Jahrtausends, da blühte das Märchen von der Globalisierung. Die Globalisierung war an allem schuld. Sie war die Ursache aller Unbill, Unbequemlichkeiten und Veränderungen. Sie ärgerte die Politiker, weil sie ihre Unfähigkeit deutlich machte, die Bürger vor der bösen Welt zu schützen. Sie trieb die Tarifparteien zur Verzweiflung, weil ihre Kartellabsprachen zur Entmündigung der Menschen nicht mehr eingehalten wurden, weder im Inland noch und erst recht nicht im

Ausland. Sie machte die Finanzminister fast wahnsinnig, weil sofort alles außer Landes floh, was sie zu besteuern versuchten: Geld, Arbeit, Gewinne und auch die reichen Leute.

Auf die Frage, seit wann wir Globalisierung haben, kommt immer dieselbe Antwort: »So etwa ab 1985. Die Computer sind an allem schuld.« Das Wort »Globalisierung« ist abgeleitet von dem lateinischen Wort »Globus« (die Kugel). Wir haben also das Phänomen der Globalisierung eigentlich, seit wir wissen, dass die Erde keine Scheibe ist, sondern eine Kugel: spätestens seit der Entdeckung Amerikas durch Kolumbus. Noch 1492 hatten die spanischen Seefahrer Angst, am Rand der Weltscheibe herunterzufallen, die aus Europa und Teilen Asiens bestand. Im Zentrum war das Mittelmeer, wie der Name schon sagt: »medi-terrane«, d. h. »Mitte der Erdscheibe«.

Mit der Bewältigung dieser Tatsache war Europa jetzt fünf Jahrhunderte lang beschäftigt. Die Europäer mussten lernen, mit einer Welt umzugehen, die immer größer wurde. Globalisierung im europäischen Sinne bestand darin, immer neue Länder, Inseln und Erdteile zu erobern und in immer größere Märkte zu exportieren. Die ersten Exportschlager waren Religion (man nannte das Mission) und die Sprachen. Ein großer Teil der Welt spricht heute Englisch, Spanisch oder Portugiesisch. Durch die Kolonialisierung exportierten wir auch unsere Gesetze, Waffen, Krankheiten, Pflanzen, Strafgefangene und die Kaninchen. Wir »zivilisierten« die Welt, damit sie unsere Produkte brauchten. Die Engländer verboten damals den Indern bei Todesstrafe, ein Spinnrad zu besitzen oder gar einen Webstuhl. So sicherten sie sich den Export von Stoffen aus den Manchester-Fabriken nach Indien. Bis Gandhi um 1930 anfing zu »spinnen«.

Es gab auch schon seit fünfhundert Jahren Gewinner und Verlierer der Globalisierung. Die ersten Gewinner waren die Spanier, die das Gold der Inkas und Azteken zuerst entdeckten, sich als neue Eigentümer des Goldes erklärten und steinreich zur Weltmacht aufstiegen. Der erste Verlierer war Venedig. Bis zur Entdeckung Amerikas hatte Venedig die Handelsmonopole des Mittelmeerraums im Griff. Insbesondere den Handel zwischen West- und Ostrom, aber auch nach Indien. Abgesichert durch dicke Verträge, wichtige Inselstützpunkte im Mittelmeer und eine schlagkräftige Flotte, war Venedig die stärkste »Weltmacht« auf der Scheibe. Im Dogenpalast wurde die Weltpolitik gemacht. Bis die Welt plötzlich explodierte und riesig wurde. Dann brachen die kunstreich konstruierten Kartelle der Venezianer zusammen. Auf das Wort der Dogen hörte keiner mehr. Der Adel feierte Karneval in seinen Palästen, und Venedig rutschte an den Rand der Welt. Keiner nahm es ernst, keiner interessierte sich für die Stadt, sodass sie etwas verstaubte und in Ruhe zu einem illustren Museum wurde, in dem die Zeit stehen geblieben ist.

Dass wir erst seit zwanzig Jahren Globalisierung haben, ist also ein Märchen. Allerdings ist es kein Märchen, dass sich die Richtung der Globalisierung umgedreht hat: Fast fünfhundert Jahre wurde aus europäischer Sicht die Welt immer größer. Jetzt wird sie immer kleiner. Und das ist unser Problem! In all unserem Denken und Handeln waren wir Europäer der Nabel der Welt, die nach unseren Regeln spielen musste.

Jetzt aber schrumpft der Globus. Satelliten, Computertechnik und globale Logistik ziehen den Globus zusammen. Sie alle machen die Erde wirklich zum Dorf, in dem die Entwicklungsländer plötzlich auf der anderen Straßenseite ihre Marktstände aufbauen und ihre Produkte anbieten. Nein, eigentlich sind es ja unsere, und das sind nur billige Raubkopien! Oder sind es doch ihre Produkte?

Egal, das ganze Marktgefüge kommt durcheinander. Das macht uns Angst, das zerstört unser kunstvolles Tarifkartell, unsere Steuersysteme und es verändert alle unsere Arbeitsplätze. Wir sehen langsam auch den Weltmarkt der Arbeit. Die großen Firmen mit Sitz in Deutschland betrachten den kleinen Globus als Chance und agieren global. Das Gütesiegel heißt nicht mehr »Made in Germany«, sondern »Made by BMW«.

Unsere große Chance als Deutschland im globalen Dorf sind aber unsere toll ausgebildeten Menschen. Für die Ausbildung, besonders im Handwerk, sind wir weltbekannt. Im globalen Dorf sind wir nicht anerkannt als »Dienstleistungs-GmbH«, auch nicht mehr als »Produktions-GmbH«. Deutschland hat aber das Zeug zur »Know-how-AG«. Nutzen wir doch das, worin wir stark sind, unsere Fähigkeit, Komplexität zu beherrschen. Schließlich bauen wir die komplexesten Autos, Maschinen, Anlagen und Software-Systeme der Welt.

Aktivieren wir in Deutschland unser wichtigstes Vermögen: unsere Menschen. Der Globus schrumpft. Unsere Menschen müssen wachsen – an Kompetenz und Fähigkeit. Dann werden sie am Weltmarkt der Arbeit ihr hohes deutsches Gehalt wert sein und auch wert bleiben.

Sie müssen aber auch wachsen dürfen und nicht durch firmeninterne Bürokratie, Besserwisser, Tarifkartelle und Management-Dompteure daran gehindert werden.

Die globale Familie

Es war einmal eine Zeit, da war die Erde sehr groß. Unfassbar groß. Da gab es noch Kriege wegen eines ganz kleinen Fetzens Oberfläche von dieser Kugel. Damals wussten die Erdenbewohner noch nicht, dass die gefällten Bäume in dem anderen Erdteil unser Klima in Europa verändern. Aber die Bilder von dem blauen Planeten, die uns die Heimkehrer der Mondflüge brachten, zeigten es überdeutlich. Wir leben alle auf einer wundervollen Kugel, die von einer ganz dünnen, verletzlichen, zarten Atmosphäre umgeben ist, und wir haben nur diesen einen Planeten.

Die mit viel Angst belegte »Globalisierung« hat auch ihre guten Seiten. Sie lässt in uns allen ein neues Wissen wachsen: Wir haben alle ein gemeinsames Heim – unseren Heimatplanet Erde. Wir Menschen, bislang in unterschiedliche Kulturen zersplittert, getrennt durch Sprachen und Nationalstaaten, kehren jetzt, nach langem Exil, in unser gemeinsames Haus zurück.

Wir beginnen, uns als eine ganze Familie zu begreifen, die Familie der Menschheit. Das kollektive Bewusstsein wächst langsam, aber unaufhörlich. Die Grenzen von Staaten verlieren ihre trennende Funktion, und die weltumspannenden Gesellschaftsverträge bleiben im neuen Jahrtausend nicht nur Papier. Das gemeinsame Wissen, eine Art Weltbewusstsein, wird die Völker verbinden. Die Kommunikationstechnik und die internationalen wirtschaftlichen Verflechtungen bilden die Basis dafür. Begegnungen zwischen den Kulturen werden mehr das Gemeinsame als das Fremde fördern und Vielfalt als eigenen Wert verdeutlichen.

Die Natur ist ein gutes Vorbild. Sie liebt die Vielfalt und nicht die Einfalt. Der Wert jedes Einzelnen, jedes Individuums, all seine Fähigkeiten, seine Eigenarten, sein Wissen und seine Lebensphilosophie werden als Reichtum betrachtet, nicht als Bedrohung für Einheit von Unternehmen, Staaten oder Religionen.

Vielleicht und hoffentlich wird die Zukunft unserem Leben mehr Leichtigkeit schenken. Vielleicht und hoffentlich sehen wir uns nicht in einem Jammertal, sondern leben mit Freude und Zuversicht auf unserem gemeinsamen Planeten, unserem kleinen blauen Dorf.

Unser kleines blaues Dorf

Unser kleines blaues Dorf, die Erde, ist ein beliebtes Ausflugs- und Einkaufsziel für die Bewohner des Planeten Terga in einer unserer Nachbar-Galaxien. Alle hundert Jahre wird einer auf Einkaufstour geschickt. Am Beginn des 21. Jahrhunderts ist es wieder so weit. Doch zunächst gibt der letzte Besucher aus dem Jahr 1900 viele nützliche Tipps für das kleine blaue Dorf:

»Die Altstadt ist ein Muss!«, schwärmt er. »Die Wiege der menschlichen Kultur findest du, wenn du den Schildern ›Indien‹ und ›China‹ folgst. Einiges könntest du auch in Bagdad, Athen und Rom sehen. Wenn du dich von den Kulturstätten erholen willst, gehst du am besten in den Naturpark ›USA‹ auf der anderen Seite des Flusses oder aufs Land, direkt hinter der Stadtmauer – nach ›Japan‹. Sehr illustre Landwirtschaft in Terrassenform und viel frische Luft. Die schmutzigen Fabriken von ›England‹ lohnen sich eigentlich nicht. Interessanter ist der Besuch der Uni im Zentrum des Dorfes. Ich sprach damals mit den Professoren Einstein, Planck, Sauerbruch und Röntgen – wirklich beeindruckend. Du musst allerdings einen Sprachcomputer für Deutsch mitnehmen.

Direkt neben der Uni findest du ›Deutschland‹, das pulsierende Innovationszentrum des Dorfes. Ich besuchte damals Herrn Otto, der gerade seinen ersten Motor gebaut hatte. In kleineren ›Garagenfirmen‹ bastelten Herr Benz und Herr Daimler an Kutschen ohne Pferde. Ich bin gespannt, wer von den beiden heute am weitesten ist. Herr Bosch baute für diese lauten Kutschen allerlei elektrisches Spielzeug. Herr Siemens zeigte mir seinen elektrischen Motor und hatte völlig verrückte Ideen von Häusern und Straßen, die nachts beleuchtet werden. Die wollen die Natur überlisten und Licht mit Dampfmaschinen erzeugen. Die spinnen wirklich, diese Deutschen! In kleinen ›Hexenküchen‹ bastelten sie an künstlichen Farben und sogar Mänteln aus der Retorte. Das hat bestimmt danach Ärger mit den Webern in Manchester gegeben.«

»Made in Germany«

»Wenn du einkaufst, achte bitte auf ›Made in Germany‹, denn schon damals kamen aus allen Ortsteilen Leute, um zu kopieren (wir wollen aber nur das Original). Ich bin gespannt, was aus den Herren Grundig, Opel, Messerschmitt, Diesel, Hahn, Wernher von Braun oder Zuse geworden ist. Die waren damals zwar noch Kinder, aber ich habe gehört, dass sie später tolle Sachen erfunden und entwickelt haben. Wie gesagt, ›Deutschland‹ heißt der Ortsteil, wo Erfindergeist und Erfinder, Unternehmertum und Unternehmer zu Hause sind. Da gibt es immer das Neueste und das noch sprichwörtlich gut.

Zum Schluss musst du dann noch unbedingt mit der ersten Eisenbahn von Nürnberg nach Fürth fahren. Es ist wirklich ein Erlebnis. Damals gab es allerdings noch große Probleme mit Geschwindigkeitsbegrenzungen, weil wissenschaftlich nachgewiesen wurde, dass ein Mensch keine Geschwindigkeit über 50 km pro Stunde aushalten kann. Ich bin sicher, dass die daraus ein Gesetz gemacht haben. In Sachen Bürokratie waren die Deutschen auch schon immer Spitze!«

Mit vielen Ratschlägen und langer Einkaufsliste gut gerüstet geht unser Besucher an den Start. Als er sich der Erde nähert, ist er von so viel Schönheit wirklich beeindruckt. Das »blaue Dorf« zeigt sich in allen Schattierungen von Blau, unterbrochen von großen und kleinen weißen Flächen, die wie Federn das Dorf zart bedecken. Bei diesem Naturschauspiel vergisst er die ganze Technik um sich herum und auf seiner Einkaufsliste. Die harte Landung reißt ihn etwas abrupt aus seinen Träumen.

Wie ihm sein Vorgänger empfohlen hatte, sucht er zunächst die idyllische Altstadt, hat aber Schwierigkeiten, die historischen Schätze in China zwischen all den Fabriken, Hochhäusern und Baukränen zu finden. In Indien kommen erschwerend noch die vielen Computercenter hinzu. Vor der Betriebsamkeit dieser Ortsteile flieht unser Freund in die beschaulichen USA, kommt aber über die erste mit Autos vollgestopfte Betonpiste nicht hinaus. Ihm ist auch die Lust vergangen weiterzugehen, weil ihn die Fabriken, Hochhäuser, Supermärkte, der Lärm und die Hektik abschrecken. Ihn zieht es aufs Land, nach Japan. Aber dort ist es noch lauter, noch mehr Hektik und noch mehr Menschen.

Er ist völlig verwirrt. Hat er sich alles falsch notiert? Hat sein Kollege gelogen? Wenigstens ist ihm sein englischer Sprachcomputer eine große Hilfe, den er versehentlich statt des deutschen mitgenommen hatte. Denn im ganzen Dorf scheint man Englisch zu sprechen.

Die Uniformität der Universität:
»Einsicht« oder »eine Sicht«

Auf dem Weg zur Universität wird die Landschaft jetzt wirklich idyllisch. Die Alpen, der Schwarzwald und der Rhein beeindrucken ihn sehr. Allerdings sehen die Menschen anders aus, als man sie ihm geschildert hatte: Viele Studenten und Professoren tragen Scheuklappen. Die Hände liegen eng an der Hose und die Schultern sind hochgezogen. So brauchen sie am wenigsten Platz in den überfüllten Hörsälen, in denen vorne die Vorleser vorlesen. Mit den Scheuklappen bekommen die Studenten Einsicht: eine Sicht. Vor lauter Nachlesen des Vorgelesenen und Nachdenken über das, was andere vorgedacht haben, kommen die Studenten nicht zum eigenen Vor-Denken. Eigentlich sollten Hochschulen doch Kreativität, Erfindungsgeist, eigenständiges Denken, Arbeiten im Team und Gesamtzusammenhänge vermitteln – wie alles in dem kleinen blauen Dorf zusammenhängt! Auf seinem Planeten war es wenigstens so.

Was er hier sieht, nennt man auf seinem Planeten Gleichschaltung, Dressur und Entmündigung. Eigentlich lieben doch die Menschen die Vielfalt und nicht die Einfalt. Wie er gehört hat, werden alle Menschen als Unikum geboren. »Vielleicht sterben aber viel zu viele als Kopien«, denkt er im Stillen. Die berühmten Professoren, die er sich aufgeschrieben hat, waren leider alle schon tot. Aber ihre Namen bleiben lebendig – als Bezeichnung von Universitäten und Straßen.

Das Deutsche Museum

Nun geht es endlich zum Einkaufen in den Ortsteil der Erfinder und Unternehmer: Deutschland. Wo einst die Garagenfirmen der Herren Daimler, Otto, Siemens usw. standen, ist heute ein Museum, denn die wegweisenden deutschen Erfindungen sind fast alle 50 bis 100 Jahre alt. Im zweiten Flügel des Museums ist noch sehr, sehr viel Platz, denn hier stehen alle bahnbrechenden deutschen Erfindungen der letzten 50 Jahre.

Neben dem Museum sind die Reste des ehemals pulsierenden Marktplatzes zu sehen. Der Eintritt ist allerdings nur an 35 Prozent aller Wochenstunden gestattet, so befiehlt es das Ladenschlussgesetz. Die Warenbewacher, die sich selbst gerne als Verkäufer bezeichnen, darf man im Gespräch nicht stören. »Sie kommen doch alleine zurecht!«, hört er häufig. Besonders zuvorkommend muss er sein, wenn er Dienstleistungen auf Antrag erhalten will, wie es bei vielen Behörden und Finanzdienstleistern noch üblich ist. Ein gesenktes Haupt des Kunden, eine sanfte Stimme und manchmal auch ein Kniefall erhöhen die Chancen auf die Genehmigung des Antrages. Als er es wagt, während des zweiten Frühstücks, bei der Diskussion der Fußballergebnisse oder gar bei der Geburtstagsfeier zu stören, ist die Ablehnung sicher. Kein Wunder, dass der Marktplatz an Attraktivität eingebüßt hat. Heute spielen hier die Rentner Schach und genießen ihren Lebensabend.

Der Zoo der Ste(ä)lle

Von der rechten Seite des Marktplatzes kommt unser Freund direkt zum Zoo. Auf den Grundmauern klingender Firmennamen sind jetzt Pyramiden aus Käfigen errichtet, fein geordnete und gestapelte Kaninchenställe – streng nach Hierarchien. Und ganz oben strahlt in großer Leuchtschrift das Firmenemblem. Alle Arbeiter und Angestellten sitzen in ihren Stellen wie in Ställen und verrichten die Handgriffe, auf die sie dressiert worden sind. Es gibt viele Wärter. Die haben ein Eckzimmer in der Pyramide. Sie teilen den Menschen morgens die Arbeit zu und kontrollieren abends die Resultate. Bei ihnen müssen sich die Menschen an- und abmelden, und sie nehmen den Menschen fast alle Entscheidungen ab. Deshalb gibt es auch so viele Manager. Überall stehen große Schilder »Verboten«, und lähmende Routine ist das übliche Organisationsprinzip. Als häufig benutzte Worte registriert er zuständig (ständig zu), genehmigen, abzeichnen, mitzeichnen und besonders häufig »Das geht nicht!«. Sogar Lachen ist in diesen Ställen verboten.

Er denkt sich: »Vielleicht könnten die Menschen in den Ställen mehr entscheiden. Aber dann bräuchte man weniger Manager und viele Menschen könnten keine Karriere mehr machen.« Unser Freund wird nachdenklich: Eigentlich ist es doch

Diebstahl, einem Menschen über 18 Jahre seine Entscheidung abzunehmen. Er fragt sich dann auch, ob es vernünftig ist, den Menschen in eine Stelle zu zwängen, ihn wie eine arbeitsscheue, faule, unfähige und dumme Kreatur zu behandeln und auf diese Weise nur 30 bis 40 Prozent aller seiner fachlichen, sozialen und intuitiven Fähigkeiten zu nutzen. Er wundert sich, dass die emotionale Intelligenz sich hier überhaupt nicht entfalten darf.

»Welch eine Vergeudung von Humanvermögen«, denkt unser Freund. Aber auch welch eine unerschlossene Quelle von Fähigkeiten, Fertigkeiten und Know-how. Wenn man dies alles den Dorfbewohnern zugänglich machen würde, wenn all diese Ställe aufgeschlossen würden und all die Ab-Teilungswände auf den Müll geworfen würden – welch eine Steigerung des Bruttosozialprodukts wäre so denkbar. »Welche Chancen zur Revitalisierung des Zoos und des Marktes liegen in der Hand der Deutschen«, denkt unser Freund.

Die »Nach 17:00 Uhr«-Unternehmer

Und er hat recht. Nach 17:00 Uhr öffnen sich die Ställe. Einige Menschen haben zwar Probleme, ihr Rückgrat wieder aufzurichten, aber die meisten beginnen jetzt, das zu unternehmen, was sie im Unternehmen nicht unternehmen durften. Sie werden Vorstand – im Kaninchenzüchterverein, im Tennisverein oder als Familienvorstand. Sie entscheiden jetzt wieder selbst und haben ihre eigene Personalverantwortung. Sie bauen Häuser. Sie erbringen sportliche, handwerkliche, künstlerische und intellektuelle Spitzenleistungen. Leistung macht jetzt richtig Spaß. Die Lust auf Leistung ist ja auch ein natürliches Lebensprinzip.

Die Menschen bereisen nach 17:00 Uhr fremde Ortsteile. Sie essen italienisch, chinesisch, indisch, türkisch, koreanisch, argentinisch, griechisch, französisch oder thailändisch. Sie lieben die Vielfalt, nicht die Einfalt. In ihrem Urlaub reisen sie durch das ganze Dorf. Sie lernen fremde Menschen und Kulturen kennen. Sie spüren, dass sie wirklich in einem Dorf leben, in unserem wunderschönen kleinen blauen Dorf. Reisen bildet – aber auch im eigenen Unternehmen! Reisen dient der Völkerverständigung – aber auch im eigenen Unternehmen! Reisen schafft und schärft den Blick für das Ganze und für die Zusammenhänge – aber auch im eigenen Unternehmen! Dort ist aber Job-Rotation für die arbeitenden Menschen verboten. Ihre Chefs würden sie ja aus ihrem Machtbereich verlieren. Auf seinem Planeten haben sich Lehr- und Wanderjahre für die Arbeiter bewährt. Denn Reisen bildet!

Mit großem Bedauern sieht er, wie die Menschen im Morgengrauen wieder in ihre Ställe schleichen. Einer wurde an der Pforte wieder zurückgepfiffen. Er hatte vergessen, sein Gehirn und seine Personalverantwortung an seinen Chef abzugeben. Er wollte selbst denken, selbst entscheiden und für seine Kunden selbstverantwortlich etwas unternehmen, damit der Kunde von ihm und seiner Firma begeistert ist. Dieser Mensch hatte nämlich entdeckt, dass der Kunde der wirkliche Arbeit-Geber ist. Der gibt die Arbeit (oder auch nicht). Die Arbeit kommt nicht »von oben«, vom Chef, sondern »von der Seite«, dem Kunden. Dieses kleine Geheimnis allen wirtschaftlichen Handelns hatte der Mensch neu entdeckt. Das wurde ihm allerdings beinahe zum Verhängnis. Dann wäre er seinen Stall, seine Stelle losgeworden. Aber vielleicht wäre das die Chance seines Lebens, mit seinem kleinen Geheimnis erfolgreich zu sein. Dann könnte er etwas unternehmen, so wie er es nach 17:00 Uhr schon immer gemacht hat. In den Stall-Pyramiden im Zoo achten viel zu viele Wärter, Pförtner und Dompteure darauf, dass die Menschen sich nicht ent-falten und ent-wickeln. Denn dann würden die Bewacher ja nicht mehr gebraucht.

Unser Freund fragt in dem Zoo einen Menschen, der morgens in seinen Stall klettert: »Warum gehen Sie denn da wieder rein, obwohl Sie Ihr Rückgrat so verbiegen müssen?« »Es ist sicher in dem Käfig, und ich brauche mich nicht so anzustrengen. Denn schließlich lebe ich nicht, um zu arbeiten, sondern arbeite, um zu leben – nach Feierabend.«

Manager, die in der Manege managen

Unser Freund will dem Geheimnis des Zoos auf den Grund gehen. Er macht eine Umfrage bei den Stelleninhabern, ob sie nicht lieber in der freien Wildbahn leben möchten, ohne Stellengitter, ohne Abteilungswände und ohne Richtlinien, die ihre Entfaltung behindern. Die Antwort ist überraschend: Fast alle wollen aus ihrem Käfig raus. Allerdings unter einer Bedingung – die regelmäßige Fütterung müsste beibehalten werden.

Er fragt auch die Gewerkschaften, Arbeitgeber und Politiker: »Warum bauen Sie eigentlich diese Pyramiden aus Stellen? Macht das nicht das Unternehmen zu starr und unbeweglich? Verlieren dadurch nicht die Menschen, das eigentliche Vermögen des Unternehmens, an Bedeutung? Ist das Vermögen nicht das, was die Menschen vermögen? Ich empfinde, dass viele Unternehmen zu einem Jahrmarkt der Eitelkeiten verkommen sind und der Kunde zu einem Störfaktor geworden ist.«

»Aber jetzt ist alles sicher. Wir schützen die Menschen vor den anderen Dorfbewohnern und besonders vor den Kunden. Die Abläufe sind absolut sicher, sie sind gut kontrolliert, protokolliert und nach ISO 9000 zertifiziert. Durch Richtlinien richten wir alle aus, damit ja keiner mehr etwas anrichtet. Jetzt sind wir sicher, dass nichts mehr passiert. Und dass wir als Funktionäre in diesem System eine Existenzberechtigung haben.«

»Jetzt richtet zwar keiner mehr etwas an, aber es richtet auch keiner mehr etwas aus. Wie sollen denn die Menschen in ihren Stellen wachsen und fit werden für ihre Kunden und für das Leben außerhalb des Zoos?!«

»Das ist nicht unser Problem. Wenn die Menschen zu teuer sind, verlagern wir einfach die Produktion zwei Straßen weiter: Auch dabei schützen wir die Menschen, denn wir achten darauf, dass sie sozialverträglich abgebaut werden. So herrscht in unserem Reich Ordnung, Disziplin und Sicherheit.«

Unser Freund beobachtet einen Manager bei der Arbeit, wie er junge Menschen in das Unternehmen einweist:

- Stoppen an der Richtlinie.
- Hürdenlauf durch die Abteilungen.
- Balancieren auf der Kante eines Rundschreibens.
- Verneigung vor dem oberen Management.
- Kriechen durch den Dschungel des Organisationshandbuches und der ungeschriebenen Regeln.

Er fragt den Mitarbeiter: »Warum machen sie all diese Kunststücke?«

»Ja, das steht in meiner Stellenbeschreibung.« »Bezahlen das alles Ihre Kunden?« »Ich weiß nicht. Mein Chef gibt mir das Gehalt. Wenn ich es besonders gut mache, bekomme ich vielleicht eine Gehaltserhöhung.«

Dann fragt er den Manager: »Woher bekommen Sie denn das Geld für Ihre Mitarbeiter?« »Dafür gibt es ein Budget. Wenn das nicht reicht, erhöhen wir die Eintrittspreise in den Zoo. Wir sind nämlich der beste Zoo und der beste Zirkus in dem Dorf mit den Arbeitern, die die besten Papier-Kunststücke beherrschen. Dafür bezahlen die Kunden hohe Eintrittspreise.« »Und wenn keiner kommt?« »Dann erlassen wir eben Gesetze, um sie zu uns zu zwingen!«

Das ist zu viel für unseren Freund. Er schüttelt den Kopf, schaut auf die Einkaufsliste und setzt sich in ein römisches Internet-Café in der Altstadt. Er packt seinen Laptop aus und startet das Einkaufssurfen im Internet:

- 3 BMW, »Made in Österreich«,
- 3 Mercedes, »Made in USA«,
- 5 VW, »Made in Spanien«,
- 10 Videoplayer, »Made in Korea«,
- 50 Adidas-Schuhe, »Made in Taiwan«,
- usw.

Die deutsche Hoffnung: die Kraftzwerge

In letzter Sekunde entdeckt er schräg hinter dem Zoo, etwas verdeckt durch die Stall-Pyramiden, doch noch einige der berühmten Garagenfirmen: den sogenannten Mittelstand, die Kraftzwerge in Deutschland. Bei ihnen sieht er keine Ställe. Unentdeckt von den Funktionären der Gewerkschaft und Verbände, dürfen hier die Menschen viel selbst entscheiden. Sie dürfen ihre »Nach 17:00 Uhr«-Fähigkeiten schon vor 17:00 Uhr einbringen. Üblich sind Fitness-Programme und Gehirn-Jogging: Teamarbeit, Job-Rotation, Projektgruppen und Qualifizierungsprogramme, damit die Menschen bei den schnellen Veränderungszyklen nicht auf der Strecke bleiben. Der Manager agiert hier wie ein Coach beim Fußball. Er fordert und fördert, macht Mut und nimmt Ängste, zeigt Perspektiven und gibt Orientierung im stetigen Wandel. Hier dürfen die Menschen miteinander reden und sogar mit den anderen Dorfbewohnern. Und hier ist auch Lachen erlaubt. Die Menschen haben (meistens) Spaß bei der Arbeit. Sie kennen den Sinn ihres Tuns und häufig auch die Kunden persönlich. Sie überblicken die Gesamtzusammenhänge und die Abläufe quer durch die gesamte Firma. Denn nur wer das Ganze erfasst, versteht auch die Details. Die Chance, etwas Sinnvolles und Wertvolles zu leisten, macht die Menschen abends stolz, wenn sie erhobenen Hauptes nach Hause gehen: Ihr Kunde braucht sie!

Die ganze Firma arbeitet wie eine Dorfgemeinschaft, sozusagen mit verschiedenen »Handwerksbetrieben« in einem Gesamtunternehmen. Unser Freund vergleicht das mit einem lebendigen Organismus, in dem die verschiedenen Organe im Gesamtzusammenhang ihre Leistung erbringen. Auf Impulse von außen, von Kunden oder Wettbewerbern, reagiert dieser Organismus sofort: weil alles zusammenhängt und nicht bürokratisch zerlegt und gelähmt wird.

Seine Zeit geht zu Ende. Er bezahlt seinen Espresso und geht. Auf dem Platz vor dem Zoo sieht er lachende Kinder spielen. Mit leuchtenden Augen bauen sie an einem kleinen neuen Dorf. Kinder aus allen Teilen des Dorfes spielen zusammen, reden zusammen, bauen zusammen und lachen zusammen. Auch einige Erwachsene, die aus den Ställen ausgebrochen sind, machen fleißig mit. Ab und zu rennen sie zu den Garagenfirmen und holen sich gute Tipps. Alles ist etwas chaotisch, lebendig und in dauernder Bewegung – einfach natürlich wie das ganze blaue Dorf.

Plötzlich beobachtet unser Freund, wie auch aus dem Zoo die Kinder klettern. Die Stäbe sind nicht eng genug, um sie aufzuhalten. Freudig werden sie von den anderen empfangen. Jetzt sind auch sie ent-fesselt, jetzt ent-wickeln auch sie sich und ent-puppen ihre natürliche Kreativität. Jetzt ent-falten sie sich wie Schmetterlinge.

Unser Freund fliegt nach erfüllter Mission zurück. Er hat viel erledigt und viel erfahren. Er sieht, wie die Erde immer kleiner wird: unser kleines blaues Dorf. »Die Erde ist schon ein phantastisches Dorf. Sehr lebendig, voll mit pulsierendem Leben. Es hat sich aber viel geändert in den letzten hundert Jahren. Ich muss das alles meinen Kollegen erklären. Und es wird sich noch viel ändern. Alles ist in Bewegung, wie die Wolkenbilder auf dem Globus. Die Kinder sind wirklich phantastisch!« In seiner Tasche spielt er noch mit der zerknüllten Eintrittskarte für den Zoo.